Wordsearch

Wordsearch

SIRIUS

SIRIUS

This edition published in 2023 by Sirius Publishing, a division of
Arcturus Publishing Limited,
26/27 Bickels Yard, 151–153 Bermondsey Street,
London SE1 3HA

ISBN: 978-1-3988-3609-9
AD010939NT

Printed in China

1   Fruits

```
D E T R A U R H A E C N I U Q
M A P K M R O R A N G E C B K
A R T A U E S N W T A L O G N
M D N E S C E K O E L N D I I
B G A J T S H C E M I F A F D
O V R B A B I S L E E T C B I
E W R H S R P O A S N L O N D
A E U I P P Y G N A M V V E N
P T C A E I L R L F S U A N I
A E K A G I D P R O R E P U R
W V C F J R A T L E A U K R A
P H A J I P A I S E B T I P M
A T L U A H V P O M E L O T A
W H B Y G E R S E B L E U J T
O G A N A T U B M A R E B M E
```

◊ APRICOT   ◊ MANGO   ◊ PLANTAIN

◊ AVOCADO   ◊ MULBERRY   ◊ POMELO

◊ BANANA   ◊ OLIVE   ◊ PRUNE

◊ BLACKCURRANT   ◊ ORANGE   ◊ QUINCE

◊ DATE   ◊ PAPAYA   ◊ RAMBUTAN

◊ GRAPE   ◊ PASSION FRUIT   ◊ ROSEHIP

◊ GUAVA   ◊ PAWPAW   ◊ SATSUMA

◊ LEMON   ◊ PEACH   ◊ TAMARIND

2　Discreet Words

```
L U F T C A T E L U F D E E H
D A R G D I P L O M A T I C C
E S T C E P S M U C R I C I Y
D W F E H E C V D F C U T B G
R C I W A A T E S D D I G N S
A A A S R N V U I D L N I S M
U V U E R O S E O E R I M O
G L F D E I C R P T I H D M D
Y U U S T E G E N T L E I G E
L R E U R K C Y E V M Y H S S
P R A N E W A R Y U K G S L T
E C I U R E S T R A I N E D D
K N N S E C R E T I V E R D E
G P E V I S U R T B O N U A N
S E N S I B L E T A C I L E D
```

◊ CAREFUL　　　　◊ GUARDED　　　　◊ RETIRING

◊ CAUTIOUS　　　　◊ HEEDFUL　　　　◊ SECRETIVE

◊ CIRCUMSPECT　　◊ MINDFUL　　　　◊ SENSIBLE

◊ DELICATE　　　　◊ MODEST　　　　◊ SHY

◊ DEMURE　　　　　◊ POLITIC　　　　◊ TACTFUL

◊ DIPLOMATIC　　　◊ PRUDENT　　　　◊ UNOBTRUSIVE

◊ DISCERNING　　　◊ RESERVED　　　　◊ WARY

◊ GENTLE　　　　　◊ RESTRAINED　　◊ WISE

3 OLD and NEW

```
T C N D S I L E Y N N E P C H
H M O N E Y I E L S R R N O B
S D F A I T H F U L R E O K A
E Q H L D E N O I H S A F B O
C S V G D L T I M E R P E H Y
A S P N A F D Z E A L A N D G
F A U E T E S T A M E N T F U
E O D K A Y G F O T L K L L A
F G S S J K D N O Y F D I E R
C E B K A E A C I R W M N D D
N R Y W G M P S M O L I S O F
U O C O O V L L M L U E P M O
V C P W R L F O S G G J A H C
I S L I S K O C I X E M R N E
D E L A T S E V I W I F E S S
```

◊ BORN
◊ DEARS
◊ ENGLAND
◊ FACES
◊ FAITHFUL
◊ FASHIONED
◊ FOUND
◊ GLORY

◊ GUARD
◊ GUINEA
◊ IDEAS
◊ MEXICO
◊ MODEL
◊ MONEY
◊ ORLEANS
◊ PENNY

◊ SCORE
◊ SPEAK
◊ TESTAMENT
◊ TIMER
◊ WIVES' TALE
◊ WOMAN
◊ YORK
◊ ZEALAND

4   Signs

```
Q K E H O A T Y E R A N E W B
J L F M E R K L A T I P S O H
E A A K E E P L E F T E T D E
T W S N K T T V J B G N I B E
I A N B R U T S I D T O N O D
X S U E O O S H I E C I L O P
E N E J Y Y T R C Q M O F S G
E J V Y D A B N D O N T R U N
R H E L P W A N T E D I E D I
I R E T O R O B W W A B G A N
F I O L T S N A V T S S F N R
Y O W N I D Y A S P L L M G A
F H E O D E S O L C O X Q E W
K A P O T S S U B O W V H R J
R J F O R T O C D L O O H C S
```

◊ BUS STOP

◊ CLOSED

◊ DANGER

◊ DO NOT
   DISTURB

◊ DON'T RUN

◊ ENTRANCE

◊ FIRE EXIT

◊ FLOOD

◊ FOOTPATH

◊ HELP WANTED

◊ HOSPITAL

◊ KEEP LEFT

◊ LOW BRIDGE

◊ ONE WAY

◊ POISON

◊ POLICE

◊ SCHOOL

◊ SLOW

◊ STAIRS

◊ UNSAFE

◊ WALK

◊ WARNING

◊ WAY OUT

◊ YIELD

5 Words Reading Either Way

```
R D G D E Y S Y S D A E P S A
E E V E S H T M E M D W L K A
T N D S E I A Y D Y E E U H D
E I S S A R R Y S I V B G V G
R E L E T C G Y E E I O L Z U
E R T R I H I Y R E L E S S N
D P P T M R I P I Y C P P P S
E A A S E O H G F O A A U D D
L R C U R D A R A C N I R R W
I T E S I T R P E S E A M E A
V S R A E I E D S D W A Z M R
E K P M Y L S T E E L S R I T
R E A A L A G E R V P O R T S
R N E B L R A D A N I M A L J
Y I P U E S W A R T A B E F A
```

◊ ANIMAL	◊ NAMETAG	◊ SMART
◊ DELIVER	◊ PACER	◊ SNAPS
◊ DESSERTS	◊ PORTS	◊ SNUG
◊ DEVIL	◊ REGAL	◊ SPACED
◊ DRAWER	◊ REINED	◊ STEELS
◊ FIRES	◊ REMIT	◊ STRAP
◊ GULP	◊ REPAID	◊ STRAW
◊ LEVER	◊ SLAP	◊ TIMER

6   Tools

```
L K I E W C X D D H R O N J D
L I G Z D R S E U L E S I H C
I N E D S A R R O T A T O R S
R J B P P L P E R R C V K P C
D H H D E E X S T E P H U R R
B T R E C W I C C N L P H L A
D R A K R O F Y A H I L Q O P
E T A L O R D T G T E O O S E
E G S D F T I H R W R T J R R
R N U I A X X E I A S S H A R
Z R A O C W P T P B U Q S E E
A E W L G K L U P D T U P H V
Z K B P P G L R E N N A P S A
N G I M L E T E R C Z R X Q H
D D R Y Y H C N U P L E O U S
```

◊ BRADAWL   ◊ HAY FORK   ◊ SCYTHE

◊ CHISEL   ◊ JOINTER   ◊ SHAVER

◊ DRILL   ◊ PLANE   ◊ SHEARS

◊ DUTCH HOE   ◊ PLIERS   ◊ SICKLE

◊ FORCEPS   ◊ PUNCH   ◊ SPADE

◊ GIMLET   ◊ ROLLER   ◊ SPANNER

◊ GOUGE   ◊ ROTATOR   ◊ T SQUARE

◊ GRIPPER   ◊ SCRAPER   ◊ TROWEL

7   Portmanteau Words

```
T R U G O R F A N Z I N E G Q
W T R T R A N S P O N D E R G
D O C U D R A M A S K O R T O
E D U T A I N M E N T E P C M
P C S U U Q E E O M E C T I S
O A H H W E N R H C N U R B M
M L E I I F Z O A Z K Q H O Y
W C E R L P A C G W V N M I N
M C P G O L Y V A I D O E S O
O F L E N B A H D R T A B Y R
C M E P O A A X C E J R G L C
T R F R O W T T L Z E A J V A
I G G I S C D O I X L C C V N
S T E N R E T N I C P Q N K A
A O O Q B I A T H L O N E S E
```

◊ ADWARE
◊ AEROBATIC
◊ ANACRONYM
◊ BIATHLON
◊ BREXIT
◊ BRUNCH
◊ CARJACK
◊ CHILLAX

◊ CYBORG
◊ DOCUDRAMA
◊ EDUTAINMENT
◊ FANZINE
◊ FROGURT
◊ INTERNET
◊ MOCKNEY
◊ MOPED

◊ MOTEL
◊ SHEEPLE
◊ SITCOM
◊ SKORT
◊ SMOG
◊ TANGELO
◊ TIGON
◊ TRANSPONDER

8   The Same

```
S S G Y P O C N O B R A C P O
S N N C O M P A R A B L E T O
E L I M I S C A F A R U T R G
N C L R I I T W E N N I E R E
E O B E L R E O V I D C I S R
K N M P W U R M F E I A E U E
I G E R O V N O A P P V G O T
L R S O Y S R C R T K E A G L
A U E D G M E O H E C P C O A
K E R U E T C L R A D H V L O
O N I C B A W L F D N L I A A
O T L T L S L I P S A G N N T
L G N I Y R A V N U A P I A G
V Y D O U B L E Q S R M N N E
O U U N A L T E R E D M E L G
```

◊ ALTER EGO
◊ ANALOGOUS
◊ CARBON COPY
◊ COMPARABLE
◊ CONGRUENT
◊ DITTO
◊ DOUBLE
◊ EQUAL

◊ FACSIMILE
◊ LIKENESS
◊ LOOK-ALIKE
◊ MATCHING
◊ MIRRORED
◊ PAIR
◊ RECIPROCAL
◊ REPLICA

◊ REPRODUCTION
◊ RESEMBLING
◊ SELFSAME
◊ TWINS
◊ UNALTERED
◊ UNCHANGING
◊ UNIFORM
◊ UNVARYING

9 Break

```
H W E A N P A R E E D I V I D
S N E R U L I A F C E R S E D
A U M N E P V T R E U C W C Z
M C S D L E N E V R E T N I S
S E O P I F F O P A N S O P R
D C T N E S K T S V D N L U V
L N U A T N I E D I R I D E T
E G A N N R D N U H N Y M V F
S H B B R I A S T T S P L I T
O D I R S A M V E E V U G G P
L E E D E I V R E V G K R I P
C A B T H A D E E N E R E C A
S F I Z A T C B L T E R A D U
I K C A R C R H M E C H E T S
D H S E A F H D S E E Y S C E
```

◊ BREACH	◊ DISCLOSE	◊ SEVER
◊ CEASE	◊ DISINTEGRATE	◊ SMASH
◊ CONTRAVENE	◊ DIVIDE	◊ SNAP OFF
◊ CRACK	◊ FAILURE	◊ SPLINTER
◊ CRUSH	◊ GIVE UP	◊ SPLIT
◊ CUT OUT	◊ INTERVENE	◊ SUSPEND
◊ DETACH	◊ PAUSE	◊ TERMINATE
◊ DISBAND	◊ PIERCE	◊ UNRAVEL

10 Cakes

```
S H E R A V E B R D R A E L V
E J U S S N M E M R N P P E Z
N W Y A A T M R F O E U T D S
O B E I M S A S W F C Y O X T
C R M A T I R N Y E O H A P O
S O I S S G B Y A R T C A L L
T W D I I T L E U I R N W T L
O N N H R Y E W U G G E N W E
R I T A H U M R N E D A H N N
R E E R C L F I L D R K O C M
A S G E H E L F I R O R H U I
C M L N A L O N U R F E F E L
E W C D I O G C H F E F Y P S
B E E F D G N H A S I E B T U
T U N O C O C S E N T P I O C
```

◊ ANGEL FOOD ◊ CURRANT ◊ MUFFIN

◊ BROWNIES ◊ EASTER ◊ POUND

◊ CARROT ◊ FILLING ◊ RAISIN

◊ CHEESE ◊ FRUIT ◊ SAFFRON

◊ CHERRY ◊ GINGER ◊ SCONES

◊ CHRISTMAS ◊ LAYER ◊ STOLLEN

◊ COCONUT ◊ MARBLE ◊ WEDDING

◊ COFFEE ◊ MOCHA ◊ YULE LOG

11 Environment

```
G F F Y N O I T A T E G E V N
N B R E H T A E W T H C C O S
B I O M A S S M A R L Y I N D
S O A Z R M S M S E I T N I O
E S T R D E I Z A G A R A A O
D P S H D L T N U T S E G H L
I H O U C I A A R E K C R C F
C E P R B I C O W K E Y O D I
I R M R R N P A K N Z C L O M
T E O I G S G T B E A L S O A
S W C C N E B W S S L E W F N
E M Y A D H T R A E I N L A U
P P R N A T U R A L R O I C S
A T S E O O B M A B A O S N T
E M I S S I O N S D D Q F B O
```

◊ ACID RAIN

◊ BAMBOO

◊ BIOMASS

◊ BIOSPHERE

◊ CLEAN AIR

◊ CLEAN WATER

◊ CLIMATE

◊ COMPOST

◊ EARTH DAY

◊ EL NINO

◊ EMISSIONS

◊ FLOODS

◊ FOOD CHAIN

◊ FOREST

◊ HURRICANE

◊ NATURAL

◊ ORGANIC

◊ PESTICIDES

◊ RECYCLE

◊ SEWAGE

◊ TRANSPORT-
ATION

◊ TSUNAMI

◊ VEGETATION

◊ WEATHER

12 Ample

```
E G C H I K E G G C C S A W D
V Z O D S T T X N A A L D S E
I R P Y I I E N T I L E U N T
S K I B F U V E A E M O O N C
S N O I G E L A M P N R R T I
A B U N D A N T L I M S A E R
M C S S G R L O M O N A I W T
A A C U E A Y U U S K G R V S
I P H O R U L S E G N Y F T E
W A I E Y O S R I E H D L S R
R C B T V M G N I R E W O T N
V I Q N S U O I D O M M O C U
L O V E R F L O W I N G D I A
S U P L E T H O R I C M S H N
G S S P B G N I T N I T S N U
```

◊ ABUNDANT   ◊ GALORE   ◊ RAMPANT

◊ CAPACIOUS   ◊ LAVISH   ◊ ROOMY

◊ COMMODIOUS   ◊ LEGION   ◊ SWARMING

◊ COPIOUS   ◊ LIBERAL   ◊ TEEMING

◊ ENORMOUS   ◊ MASSIVE   ◊ TOWERING

◊ ENOUGH   ◊ OVERFLOWING   ◊ UNRESTRICTED

◊ EXTENSIVE   ◊ PLENTEOUS   ◊ UNSTINTING

◊ FLOODS   ◊ PLETHORIC   ◊ VOLUMINOUS

13   Music Types

```
H B U A R A Z Y A A Z X B F G
A W O V U J O T W Z D X T N S
I E V O U N A L A A R H I W K
H A P N G T L J N W Y N I S I
E R G O N I E C E T E N O N F
U L E A P C E V D T G L I I F
E V C F N N A W S C A U G Q L
N V Z A X W E I O R W O A J E
N I R O W X L E T O U S D I J
W T T E E Y S S T J G H A V G
E O N A S A E P E N A I Y E R
S K C A L H U U C K R E E M U
T N E S C C L N N X A L I W N
E D A R I A B U K L G H A Y G
V C O R H D P A G H E Z O L E
```

◊ ADAGIO

◊ BLUES

◊ BOOGIE-
   WOOGIE

◊ CANTATA

◊ DANCE

◊ DISCO

◊ EASY
   LISTENING

◊ GARAGE

◊ GRUNGE

◊ HYMN

◊ JAZZ

◊ JIVE

◊ JUNGLE

◊ LATIN

◊ NEW WAVE

◊ NONET

◊ ORCHESTRAL

◊ PUNK

◊ SALSA

◊ SKIFFLE

◊ SOUL

◊ SWING

◊ TEEN POP

◊ TRANCE

14   Lumps and Bumps

```
P M U H D S E A E L U T S U P
K V I C G E P F B N L U N J H
N E R I E R E T S U L C C E E
E O C Y R I O K G B N H A E G
L A I N P R O W U K U I U L D
U K N T E J E L T N C P O C E
D W C P C C G G K H O O I N W
O U L A I E S O U L J N L U R
N N U P O B J E L L J J P B L
E E M I S Q N O R U A I F R R
T S P L V U D U R C M R A A A
S U B L A N L Y G P X N I C K
D C B A U E H O L G G E H T O
L P I E C E E E B J E E E X Y
J V X T R D V A S E I T D E M
```

◊ BLOCK   ◊ DOLLOP   ◊ NUGGET

◊ BOLUS   ◊ EXCRESCENCE   ◊ PAPILLA

◊ BULGE   ◊ GNARL   ◊ PIECE

◊ BUNION   ◊ GROWTH   ◊ PIMPLE

◊ CARBUNCLE   ◊ HUMP   ◊ PROJECTION

◊ CHUNK   ◊ INJURY   ◊ PUSTULE

◊ CLUMP   ◊ IRREGULARITY   ◊ TUBER

◊ CLUSTER   ◊ NODULE   ◊ WEDGE

15   OVER Words

```
R  B  I  S  K  A  T  D  Y  S  S  M  M  F  I
D  N  U  T  T  Z  B  T  G  P  M  H  Y  T  W
E  B  L  R  G  U  G  N  I  E  E  S  O  G  I
X  T  K  E  D  D  O  R  C  C  A  P  S  O  N
C  I  X  S  R  E  Z  D  U  U  P  T  E  U  T
I  X  P  S  A  R  N  G  N  L  X  V  I  F  E
T  D  V  Y  F  U  V  W  E  A  I  G  B  N  R
E  H  E  Y  T  S  K  G  C  T  E  N  F  E  G
D  I  G  N  W  N  N  T  C  I  V  I  G  Z  R
C  P  Q  I  R  I  P  A  Z  O  I  W  E  U  C
R  J  R  H  N  E  S  X  W  N  R  E  M  P  H
E  Y  E  R  L  Q  C  H  B  R  D  S  R  E  A
E  A  U  S  O  F  K  N  I  G  P  W  X  F  R
D  T  X  L  Q  M  H  D  O  R  L  Y  I  N  G
X  W  C  J  V  I  M  C  P  C  T  V  U  O  E
```

◇ ACTIVE	◇ EXCITE	◇ SHIRT
◇ AND OUT	◇ HEAD	◇ SHOOT
◇ BURDEN	◇ INSURED	◇ SLEPT
◇ CHARGE	◇ LYING	◇ SPECULATION
◇ CONCERNED	◇ NIGHT	◇ STRESS
◇ DRAFT	◇ RULING	◇ TOPPLE
◇ DRIVE	◇ SEEING	◇ TURNING
◇ EATING	◇ SEWING	◇ WINTER

16   Dickens Characters

```
N A R O M I A L L O L U Y E B
I M Y T T E G D A N P V L D B
F W A K B L V M W I E R B I A
F W A R D L E M R I G E R R R
U I I U L M A R K H A M S G T
V J A L O E I L A V P U P R S
S A D S W P Y U L O N O A U M
P G F R T B B F T G T A N H I
Y G I M E B U R A T W Q C T T
R E V W N Y A M O Y A T K R Y
E R E E N T R O B W Q R S A N
D S P C S E T E I L N G T U I
L G G A T S K I S F E L W A T
A Y P E R C H R D A L C O Z R
W G P L D E R A M S U P T W E
```

◊ ARTHUR GRIDE   ◊ MR SLURK   ◊ STAGG

◊ BROWNLOW   ◊ NADGETT   ◊ STARTOP

◊ BUMBLE   ◊ PANCKS   ◊ TARTAR

◊ JAGGERS   ◊ PERCH   ◊ TINY TIM

◊ LOWTEN   ◊ PETER MAGNUS   ◊ TOOTS

◊ MARKHAM   ◊ PIRRIP   ◊ TRABB

◊ MARLEY   ◊ POTT   ◊ VUFFIN

◊ MR KENWIGS   ◊ REDLAW   ◊ WARDLE

17 IN and OUT

```
T N E L O S N I N T E R E S T
L E O D U U I I N H U M A N O
I E E T U T K Y A T U O W U
G N T T L N E S N E C N I I T
N I O A A T E G T A U T I N T
I C V D N D L R R C I E A
V K T T D R R A N U I T G V K
I U U U I R A A R E D P U P E
G N O O S V A C W E P N V O T
T N Q I H O U W N N L E I E U
U N U U O U T Y T I I O D G O
O U T R I G H T O U N I T N U
O U T S T R E T C H O H O N I
M R O F N I E Y O U T W I T I
I N R E T T I F T U O L T U O
```

◊ INACTIVE
◊ INCARNATE
◊ INCENSE
◊ INDEPENDENT
◊ INDULGE
◊ INFORM
◊ INHUMAN
◊ INQUIRE

◊ INSOLENT
◊ INTEREST
◊ INTOLERANT
◊ INWARD
◊ OUTDATED
◊ OUTFITTER
◊ OUTGIVING
◊ OUTLANDISH

◊ OUTRANK
◊ OUTRIGHT
◊ OUTSTRETCH
◊ OUTSTRIP
◊ OUT-TAKE
◊ OUTVOTE
◊ OUTWARD
◊ OUTWIT

18 Dictionary

```
N V S G N I T S I L D L H P N
L E Y I V M G R A M M A R A O
A R N E E L V S W U O M E G I
I E T Y M O L O G Y S R E H T
U V A R I A N T C A R O G S I
Q R X L R N G I E R O F A I D
O E V U U A K N Z I N N U L E
L D L C E V A N U Q N I G G X
L P G E U T T R O O L F N N A
O P S L H E E C C W N I A E M
C N G P S N K I E H L O L Q P
O A D H E S X P Y L A E R V L
R R C I T E O P E A A I D P E
Y E D A L S C P D A Y I C G S
B R E V D A S H C E G S D B E
```

◊ ADVERB   ◊ FOREIGN   ◊ POETIC

◊ ARCHAIC   ◊ GRAMMAR   ◊ PRONOUN

◊ COLLOQUIAL   ◊ INFORMAL   ◊ SPEECH

◊ DIALECT   ◊ KNOWLEDGE   ◊ SPELLING

◊ EDITION   ◊ LANGUAGE   ◊ SYNTAX

◊ ENGLISH   ◊ LEXICON   ◊ TENSES

◊ ETYMOLOGY   ◊ LISTING   ◊ VARIANT

◊ EXAMPLES   ◊ PLURAL   ◊ VULGAR

19   Containers

```
H T L H O S H E T V E A S E R
B C E W Z D T O C S K D I M Y
J A U K O I Y R T I L T R C G
N Q A O S B R D A S L P I U T
L W C S P A E L U S P A C E M
A A A V T H B P R G H R H S L
R L I R R E S E C E E C M C E
G A O H E Z K Z T E A E A W S
T M F R P K J C G S H L E N A
U M Y U V T A H O A A R P O C
R A R G P M T E L L A W F G F
E S S A D D L E B A G T C A E
E Q O X O B G N O R T S I L I
N A C N I T E K N U R T D F R
A S G T E X O B T A H J E W B
```

◊ BEAKER ◊ HATBOX ◊ SADDLEBAG

◊ BOWL ◊ LOCKET ◊ STRONGBOX

◊ BRIEFCASE ◊ MORTAR ◊ TIN CAN

◊ CAPSULE ◊ PARCEL ◊ TRASH CAN

◊ CHALICE ◊ PHIAL ◊ TRUNK

◊ DRUM ◊ POUCH ◊ TUREEN

◊ FLAGON ◊ PURSE ◊ WALLET

◊ GLASS ◊ SACHET ◊ WASTEBASKET

20　Bible Characters

```
M S U E A D D A H T E P N Q S
C B M V S K G G I N M D O F C
N K M O M O M O A T T Q R A H
T H P I L A T E Z Y M D A L J
S B O I B A S W E H T T A M L
R U A J A R S O S I T J A E L
E T E E R T C B W J T L L N H
H A Y A H A I R A H C E Z A W
T L G W H S H M E R J I E B H
S H D E A C E A J E A R R A G
E E C R G S C Y O D M B R L C
B J V D A K Z A O B B A B U A
D U E N R A I R Z O S G R A A
I M O A N U E V J V N L H Y S
K O V I T H A D T R E U S J I
```

◊ AARON　　　　◊ HAGAR　　　　◊ MARY

◊ ABSALOM　　　◊ HEROD　　　　◊ MATTHEW

◊ ANDREW　　　 ◊ ISAAC　　　　◊ NAOMI

◊ BARABBAS　　 ◊ JAEL　　　　 ◊ PILATE

◊ BOAZ　　　　 ◊ JAMES　　　　◊ SARAH

◊ ESTHER　　　 ◊ JOB　　　　　◊ THADDAEUS

◊ GABRIEL　　　◊ JOHN　　　　 ◊ ZACCHAEUS

◊ GOLIATH　　　◊ LABAN　　　　◊ ZECHARIAH

21 Mathematics

```
E K T E N U A R A N T E A F R
H V E H E Z E G A R E V A Z E
F C I H N R U Z G R L R E Z G
L Y R T E M O N O G I R T E E
S R Q N A H H T H T O H O N T
K N Y E H G C T H S E I Y I N
F W O T S A E M N O S U M S I
H T F I F E E N R I H I B O E
S G E J T T R Y K B N R X C I
S P R F I A B I R L E A F T G
F L C C D M U R E E K T O G H
F N O I T O A Q D S W I O S T
R L G T R S H E E A T O R F H
K I A H T N E V E S E T P R C
T I I H W A S U L E R U G I F
```

◊ ARITHMETIC
◊ AVERAGE
◊ COSINE
◊ DIGIT
◊ EIGHTH
◊ EQUATIONS
◊ FACTOR
◊ FIFTH

◊ FIGURE
◊ HALF
◊ INTEGER
◊ NEGATIVE
◊ NINTH
◊ POWER
◊ PROOF
◊ RATIO

◊ SERIES
◊ SEVENTH
◊ SIXTH
◊ SUMS
◊ TENTH
◊ THEORY
◊ TRIGO-
  NOMETRY
◊ ZERO

22 Fabrics

```
D P K I V M K A R N P P L L S
N I L S U M Y I R V R A E O G
A O T S M E R I N O W N L O C
N C H N C M A H G N I G I W A
G I R H E H I B Z T J E O K N
O L X Y L N O L A R D O T M D
R A Y E L S A S Z I Y R W W L
A C M Q L I H L N I Z G Q P E
V A E I D A C U A F O E A P W
C C S R J Y H P G E R T N R I
Y L U Y M T M N R S A T Y Y C
E C E O W I R S O M D E L Z K
S A D E E I N U L Y P V O V L
T B E A S Y V E G T A A N K I
H D N H B R E K C U S R E E S
```

◊ ACRYLIC
◊ ANGORA
◊ BAIZE
◊ CALICO
◊ CAMEL HAIR
◊ CANDLEWICK
◊ DRALON
◊ ERMINE

◊ GEORGETTE
◊ GINGHAM
◊ LAWN
◊ LISLE
◊ MERINO
◊ MUSLIN
◊ NYLON
◊ ORGANZA

◊ RAYON
◊ SATIN
◊ SEERSUCKER
◊ SILK
◊ SUEDE
◊ TOILE
◊ TWEED
◊ WOOL

23 Paris

```
E R T R A M T N O M D S C E N
S F N A N T E R R E E M T L O
I U N R E U K S J D U I R L T
N E E T Y J H E I S C B H I R
E N R E T G S L E A A N E V E
D T K V F R A E L S R I N E D
T N V Y U V R E T N P A E L A
N O O O N O D I P O P M M L M
I P B I D E L E I E M R A E E
A R S I L L M C G H O E U B L
S E N I E S J S A T E G T E V
L E B R I S T O L N I T E R O
L E F T B A N K L A R S U R O
C E F A R U E L E P I C I C N
T R U O C N A L L I B D L S E
```

◊ AUTEUIL   ◊ LE MARAIS   ◊ NOTRE DAME

◊ BASTILLE   ◊ LEFT BANK   ◊ PANTHEON

◊ BELLEVILLE   ◊ LES INVALIDES   ◊ PIGALLE

◊ BILLANCOURT   ◊ LOUVRE   ◊ PONT NEUF

◊ BOURSE   ◊ METRO   ◊ RUE LEPIC

◊ CAFES   ◊ MONTMARTRE   ◊ SAINT DENIS

◊ ILE DE LA CITE   ◊ MUSEE RODIN   ◊ SEINE

◊ LE BRISTOL   ◊ NANTERRE   ◊ ST-GERMAIN

24   Sheep Breeds

```
C N I L T A E M I L Z N T U M
T T O C R A A Y F S E H L F Y
B W E L S H M U L E S Q J L M
A D A N S R Y T D K I A I S L
L O R A O G O N M B U N W I K
W R M M P R E M J K C S C A N
E S N B D V E S A O L D O L I
N E U O D N T P L N A R R L T
Y T C C L S A N R T O Y R O N
D H D A L T W L S O G V I R E
T O G J E E S E T J D V E A T
E R W V Y I L V A O E C D H O
X N B R N G A L G H G N A C C
E H Q U U A P U C M R M L P Q
L P T F F R A J W V A U E M O
```

◊ ARCOTT

◊ AWASSI

◊ BALWEN

◊ CHAROLLAIS

◊ CHEVIOT

◊ CORRIEDALE

◊ COTENTIN

◊ DORPER

◊ DORSET HORN

◊ FUGLESTAD

◊ GOTLAND

◊ JACOB

◊ LINCOLN

◊ LLEYN

◊ MASHAM

◊ MEATLINC

◊ ROMANOV

◊ ROMNEY

◊ RYGJA

◊ STEIGAR

◊ TEXEL

◊ TUNIS

◊ VENDEEN

◊ WELSH MULE

25 Vegetables

```
S E C A R W P W C A E R I T I
E K L J G E P I L J N L C L Z
G W D E X L B I N W O R R A M
A D N T N Y T M C R N E E S S
B E D A R N I R U B U G S C U
B U I E E U E U E C G T S O G
A D L L N E N F H P U L G R A
C E E V Y D L O L S P C N Z R
C B S A G B I A I P I E C O A
C A R R O T N V I N W D P N P
P E S S U T P M E W O C A E S
O C H A R D E K O H C I T R A
B I J S D N A H V S T U F A A
P O T A T O S I N L Y O V A S
K M R O A E P K C I H C F E O
```

◊ ARTICHOKE   ◊ CUCUMBER   ◊ PEAS

◊ ASPARAGUS   ◊ EGGPLANT   ◊ PEPPER

◊ CABBAGE   ◊ ENDIVE   ◊ PIMENTO

◊ CARROT   ◊ FENNEL   ◊ POTATO

◊ CELERY   ◊ GOURD   ◊ RADISH

◊ CHARD   ◊ LENTIL   ◊ SAVOY

◊ CHICKPEA   ◊ MARROW   ◊ SCORZONERA

◊ CRESS   ◊ ONION   ◊ TURNIP

```
V K R A M N O I T A T O U Q U
A A T T A O B B T R K F Q O P
C A R L A X K C L S H A S H D
E D L I T S A W E I U O E Y E
E S U V I R M E I S Q R Y P E
D B X L E A R R O W B U A L R
K L E T C G T Z D R I E E U O
Z B J R E S H N A O C J A S F
O D O D S I L C E J I K L P E
B N R O L G E A M C C R O P R
K U R Y W A X X U I C U E J E
A C T U A L M U T Q N A J P H
S H S A D T A M X D E U S N T
T K X E I D I L O J V V S S M
N O L O C O R E E C W I R Y U
```

◊ ACCENT

◊ ARROW

◊ BRACE

◊ CARET

◊ COLON

◊ COMMA

◊ CROSS

◊ DASH

◊ DEGREES

◊ EQUALS

◊ EURO

◊ HASH

◊ MACRON

◊ MINUS

◊ OBELISK

◊ OBLIQUE

◊ PERIOD

◊ PLUS

◊ POUND

◊ QUOTATION MARK

◊ THEREFORE

◊ TICK

◊ TILDE

◊ UMLAUT

27   Geographical Features

```
P A C V H M Y R T S T E P P E
I I G T J D E F R I N O B U W
G K G B I I A T I M I G B S P
N W K J C E U L B A S A C W B
I F U A Y N E T U R L L W A M
R E L D D I E K T S A E F M A
P G N R R G N G A H N P H P E
S O A I K O O V R S D I P A R
W V A K V E N D Y O G H N S T
M R R J W A K A E Y G C H E S
P T N E M P R A C S E R Y G P
A B L L V L L A H L E A B D V
E R U S S I F H S H O R E E S
K K L L A F R E T A W V T L M
N Y Q O S Q N I A T N U O M H
```

◊ ARCHIPELAGO   ◊ MARSH   ◊ SPRING

◊ DESERT   ◊ MOUNTAIN   ◊ STEPPE

◊ ESCARPMENT   ◊ PENINSULA   ◊ STREAM

◊ FISSURE   ◊ PRAIRIE   ◊ SWAMP

◊ GLACIER   ◊ RAPIDS   ◊ TRIBUTARY

◊ GORGE   ◊ RAVINE   ◊ TUNDRA

◊ ISLAND   ◊ RIVER   ◊ VOLCANO

◊ LEDGE   ◊ SHORE   ◊ WATERFALL

28　Under the Ground

```
A O U A A B S J W B I L F N F
Q U I P J T Q A G E J O H V R
V J C Q O T R O J R U R M Y A
N W O O I R E K N N A I L M L
M O R B E Z B B D G R V R C L
H R B N J X U A E X E E E I C
T A O S Q F T M Q N V R K U C
R S E C U I S J J U L W I C S
U W P E O T W U L Q I V R M E
F O U N O E G N U D S F I C D
F R S N L G K E V W H T E Q A
L M E L O L Y A W L I A R R H
E M A G M A U B A S E M E N T
S E W E R L V B A B E E R I S
X O T A T O P B S B L U B F L
```

◊ AQUIFER

◊ BASEMENT

◊ BULBS

◊ CELLAR

◊ CORM

◊ DUNGEON

◊ FOUNDATIONS

◊ GEMSTONE

◊ GRAVE

◊ HADES

◊ MAGMA

◊ POTATO

◊ RABBIT

◊ RAILWAY

◊ RIVER

◊ ROOTS

◊ SEWER

◊ SILVER

◊ TRUFFLES

◊ TUBER

◊ VAULT

◊ WARREN

◊ WELL

◊ WORM

29   Having Numbers

```
D O D R A C T I D E R C P Y C
E F C W U K E Y P A D I O R J
P E T A L P R E B M U N O M L
E P S T P K R P A G E S L O R
D O R C S R T I S E S B B T E
O B E H A E O R C W S R A H T
M O C F K L E T O E A I L G E
E X E C O L E R R C T I L I M
T C I G U E D S E A E A C L O
E T P R A P A H B Y C H G F M
R K T N U U O D O M E T E R R
G C F Z K R G D A G J W O J E
E O Z Y S H D E R C T A R R H
R L S E T R R A D N E L A C T
E C A D R A O B T R A D A R D
```

◊ CALENDAR

◊ CLOCK

◊ CREDIT CARD

◊ CROSSWORD
  PUZZLE

◊ DARTBOARD

◊ FLIGHT

◊ GAUGE

◊ KEYPAD

◊ NUMBER
  PLATE

◊ ODOMETER

◊ PAGES

◊ PEDOMETER

◊ PO BOX

◊ POOL BALL

◊ PRICE TAG

◊ PROTRACTOR

◊ RACEHORSE

◊ RECEIPT

◊ RULER

◊ SCALES

◊ SCOREBOARD

◊ THERMOMETER

◊ TICKET

◊ WATCH

30 Summer

```
E E V A W T A E H Q U T S I S
D R A C T S O P T H S S P K E
I A K F T O A N K U I I R G U
S P Y R B E A L G T F N O N C
A T O D G V F U A N H N M I E
E H R L A H A O G D C E E H B
S M A R L I R W E R A T N S R
U Q A S F E S D I D E D A I A
M C H E R T N Y O I B E D F B
W O A B R E H W C F T T E N W
P A M M A C S G F H H J U N E
A O R D P F E Y I C A O U S Y
S Z Y M K I C C A L L I S L E
P V A H T T N Y I H F C N E Y
T I R E M H F G N I N N A T T
```

◊ AUGUST	◊ HEATWAVE	◊ SALAD
◊ BARBECUES	◊ ICE CREAM	◊ SEASIDE
◊ BEACH	◊ JULY	◊ SHORTS
◊ CAMPING	◊ JUNE	◊ SOMBRERO
◊ CARAVAN	◊ MEADOWS	◊ TANNING
◊ DAISY CHAIN	◊ POLLEN	◊ TENNIS
◊ FISHING	◊ POSTCARD	◊ WARMTH
◊ FLIGHT	◊ PROMENADE	◊ YACHT

31 Calm Down

```
A U B A T V L R Y F I C A P N
Y N B D U Z S F E E S O L E W
Y R E M O Y I U E U S W T A J
K E I B L L B H B E I N N M J
Z C T A L P A R E D E E S B I
U O I O I P L H N P U E T N H
H N M E H R T A A Q S E E E M
R C P E C O T Q C C G K A T O
L I V E O P U L R A C E D F D
O L K S R I E E U A T I Y O E
Q E L E E T V S L A G E D S R
U W R T A I S S B L L S O N A
E O E D X A L E R A I P V G T
L N E K G T R N E S E T T L E
L S E S A E P P A R R B S L O
```

◊ APPEASE
◊ ASSUAGE
◊ CHILL OUT
◊ LESSEN
◊ MODERATE
◊ MOLLIFY
◊ PACIFY
◊ PLACATE

◊ PROPITIATE
◊ QUELL
◊ QUIETEN
◊ REBATE
◊ RECONCILE
◊ RELAX
◊ REPOSE
◊ SEDATE

◊ SETTLE
◊ SLACKEN
◊ SOFTEN
◊ SOOTHE
◊ STEADY
◊ STILL
◊ SUBDUE
◊ WANE

```
J F E R V E A N E S I R S E J
Q Y S H D W O D A E M R E Y E
E S U O M T R A I L E R H I S
M N P U C A R T S W C O T E W
K O P Y H H C W O B N E Y L M
E I E C B E D L K E A C C D X
H N R E R N F A Y N D U S G P
Z O A E E I E C P U N D E L D
M N A H L B V C H G U O V E G
S L I U A M R S X U B R Z A S
S O A L R O P C R E A P I N G
E C U A P C H L F A E B O I R
S A P S G A N E K V E J R N A
U M E L F S P J D A Y P L G I
I W B F A E H S B R E H S K N
```

◊ ABUNDANCE   ◊ GLEANING   ◊ PEARS

◊ BEANS   ◊ GRAIN   ◊ PRODUCE

◊ CARTS   ◊ HERBS   ◊ REAPING

◊ CAULIFLOWERS   ◊ HONEY   ◊ SCYTHE

◊ CEREALS   ◊ MEADOW   ◊ SHEAF

◊ CHAFF   ◊ MOUSE   ◊ SUPPER

◊ COMBINE   ◊ ONIONS   ◊ TRAILER

◊ CROPS   ◊ ORCHARD   ◊ YIELD

33　Clocks

```
I T Z F L M S L V E D K H F P
K O A L M D I D L O Z M C K I
D C A C N C C B O C L R G P L
E W C A Y T A W S T O A N E L
F R H T U T E L U T Q V I N A
B E N R V S A C A N E J R D R
L T R Z O R K L E N H S P U S
A E S R E E U H O I T J S L M
T M F M Y G C V H H P I B U D
I O U W E T E Y G S Z E Q M P
G N L R I L O I O H T G M U V
I O V K T N E C O A Q U J I E
D R F Y C W D U B R A C K E T
F H J M S W R E O O K C U C P
Q C L E P S Y D R A A Q J I T
```

◊ ANTIQUE
◊ BRACKET
◊ CHRONOMETER
◊ CLEPSYDRA
◊ CUCKOO
◊ DIGITAL
◊ FACE
◊ HANDS

◊ HOURS
◊ KEY
◊ KITCHEN
◊ NOVELTY
◊ NUMERALS
◊ PENDULUM
◊ PILLARS
◊ REGULATOR

◊ ROSEWOOD
◊ SPRING
◊ TABLE
◊ TIMEPIECE
◊ TURRET
◊ WALL
◊ WEIGHTS
◊ WINDER

34 Pairs of Things

```
C W O S S O O C A I C U P Q S
S S P E A K E R S H D H E C K
H U U S L K C Z R R W I X C C
B Z R Q E E B O O K E N D S A
S H E A R S M Z S Z N I B X L
S E I T T O S S H L T L V S
N P Y H S K H A G E O P S P L
I H G O I U S G P N L E T S A
W I M I W A D Y G M U A O E B
T E S G N I W S A G O L C S M
S Y B D C H O P S T I C K S Y
K R A S A C A R A M S I I A C
J L J S E H C E E R B E N L F
S T I R R U P S A U R S G G O
L F A A R U S R U P S K S P B
```

◊ BOOKENDS   ◊ MARACAS   ◊ SPURS

◊ BREECHES   ◊ PLIERS   ◊ STAYS

◊ CHOPSTICKS   ◊ SANDALS   ◊ STIRRUPS

◊ CHROMOSOMES   ◊ SCALES   ◊ STOCKINGS

◊ COMPASSES   ◊ SHEARS   ◊ TIGHTS

◊ CYMBALS   ◊ SLACKS   ◊ TONGS

◊ GLASSES   ◊ SOCKS   ◊ TWINS

◊ LUNGS   ◊ SPEAKERS   ◊ WINGS

35   Bits and Pieces

```
O V E R T N E M G E S A T E B
A B D H C Z T N O I S I V I D
M L T J U T I L E S R O M D R
U X L S P W E S A R H P U Q A
V X T O C I P K T E C P Z O H
M P V N T R T N E M G A R F S
R E B M E M A R C M G I O L A
H G N K L M E P A M T A G A J
U P N E W T E N F V I S K K K
A R T I C L E L T U A K E E Q
F Y H K T S V P E M J E S A Y
A T N E M T R A P E D R U B A
H M K U D U U L J I E A A D P
R A T I O N E C F V N H L B Q
Y U H P A R G A R A P S C R P
```

◊ ALLOTMENT   ◊ FLAKE   ◊ SCENE

◊ ARTICLE   ◊ FRAGMENT   ◊ SCRAP

◊ CLAUSE   ◊ MEMBER   ◊ SEGMENT

◊ CUTTING   ◊ MORSEL   ◊ SHARD

◊ DEPARTMENT   ◊ PARAGRAPH   ◊ SHARE

◊ DIVISION   ◊ PHRASE   ◊ SNIPPET

◊ ELEMENT   ◊ RATION   ◊ VERSE

◊ FACET   ◊ SAMPLE   ◊ WING

DARK Words

```
S E S S A L G T E J T M E A S
I R I S T L O C L N H E O D N
N W O R B H A W E K N T U O F
N G L A O P G N A H V O O T R
O O A E S R I U T Q L M S P W
I N K A I T E H O C E Y C N E
T C J P N S A T A H G R O O T
A H F O Y I N Z T R T C M I J
T O C N R R K F E A G E E T C
P C D E E E O N N K M E D C U
A O D T N E E R G E N E Y A R
D L N K D I U M I S B I I E R
A A V I T D E W O R B U G R E
L T S A R C H E S O K E L H N
H E A D A P T A T H E B N A T
```

◊ ADAPTATION   ◊ CURRENT   ◊ NEBULA

◊ ARCHES   ◊ ENERGY   ◊ NIGHT

◊ BROWED   ◊ GLASSES   ◊ REACTION

◊ BROWN   ◊ GREEN   ◊ ROAST

◊ CHOCOLATE   ◊ HAIRED   ◊ ROOM

◊ CLOUDS   ◊ HORSE   ◊ SIDE OF THE
                                    MOON
◊ COMEDY   ◊ LANTERN
                                  ◊ SPACE
◊ CONTINENT   ◊ MATTER
                                  ◊ THOUGHTS

37　M to M

```
M M M M H M E S M E R I S M M
E A M O O I U E I M U M V A A
B R A M N O D N M I S M W E I
M O G U F O R M E D I U M B N
P J N E M M G H T D M A M N S
M R U S P E U R S Z B S I O T
A A M U M H Y S A U S Y L O R
I M R M A L C O L M M U L M E
R M A T E R I A L I S M I O A
O A N Y Y I M O X T M N G L M
M I D S T R E A M S I X R A M
E F J M G O D F Z M O J A L M
M L M E P M V O U H M B M F Y
U M A Y H E M M M O D I C U M
M E T O N Y M S I D O H T E M
```

◊ MAGNUM
◊ MAINSTREAM
◊ MALCOLM
◊ MARJORAM
◊ MARTYRDOM
◊ MARXISM
◊ MATERIALISM
◊ MAYHEM

◊ MEDIUM
◊ MEMORIAM
◊ MESMERISM
◊ METHODISM
◊ METONYM
◊ MIDSTREAM
◊ MILLIGRAM
◊ MINIMUM

◊ MODEM
◊ MODICUM
◊ MOLYBDENUM
◊ MONOGRAM
◊ MOONBEAM
◊ MUSEUM
◊ MUSHROOM
◊ MUSLIM

38   UK Parliament

```
U S R A J C D E V E L I N A M
O E A E R E P A P E T I H W A
O T E A B E B O S D R O L S R
M O W M R V C K L O E R W E A
O V R L I E S E L I P N D A G
T C M E Y T I J S L C A L E E
I A N G G R N M L S E Y A O Y
O B E I M N O O E L R M R R U
N I A S C A I T I R F S E Y D
R N T L E H C T R T P T B N E
U E A A S K L E T A S B I V B
O T H T L A E H R I O E L C A
B J A I C I L T N L S D U Z T
A D L O Z M Y I S P I H W Q E
L Y S N O M M O C E S O E R A
```

◊ CABINET

◊ COMMONS

◊ DEBATE

◊ HEALTH

◊ LABOUR

◊ LEADER

◊ LEGISLATION

◊ LIBERAL

◊ LOBBY

◊ LORDS

◊ MACE

◊ MINISTER

◊ MOTION

◊ PARTY

◊ POLICY

◊ PREMIER

◊ QUESTION TIME

◊ RECESS

◊ SEAT

◊ SITTING

◊ TORY

◊ VOTES

◊ WHIPS

◊ WHITE PAPER

39 BLUE Beginnings

```
R G E R A M W E O O Y S I A D
G N S H A R K G C D G S W Z E
J I P E S O O G U L W H N I D
V K S J J T U L I P D J C I O
N C W L K W P A G B H E H Y O
S O S V Y S B L E G N A E B L
R T O T L R E R R B Y N E A B
R S W M I I R K V I V S S U L
O Q O N F D C E M C B B E I A
E Q S R K S R N B L U A V S C
K E W D E I A L E G L E N J L
L Q V T B T C A L P D D D D C
S N I L E L E E J N T R J R E
G A L F J K R P U A G I A A H
B F P B Y T C P N H G B J F Y
```

◊ ANGEL	◊ DEVIL	◊ PENCIL
◊ BERRY	◊ FLAG	◊ PETER
◊ BIRD	◊ GOOSE	◊ RACER
◊ BLOODED	◊ JAY	◊ RIBAND
◊ BUGLE	◊ JEANS	◊ RINSE
◊ CHEESE	◊ JOKE	◊ SHARK
◊ CRAB	◊ MOON	◊ STOCKING
◊ DAISY	◊ NILE	◊ TULIP

40 Haunted House

```
L S H K J J Y S S S Q H L R H
K B A N S H E E R G I D L O I
F R X P O Y F M S O H N E R I
G H E C O I O S S R R O P R M
S G P R O R S D M I U R S E R
W C W A I B T E Z A C C I T O
F T A Z R P W R S Q E R V M T
O H I R M G M E A S J R O K S
S G L R E G O A B I C F C X R
H I I N D D T T V S T E Y S E
A R N X E E C T O P L A S M D
D F G A T M O S P H E R E P N
O L A R T C E P S R P S U K U
W G S K H T C L A N K I N G H
S U T N A Y O V R I A L C U T
```

◊ ATMOSPHERE

◊ BANSHEE

◊ CLAIRVOYANT

◊ CLANKING

◊ COBWEBS

◊ CURSE

◊ ECTOPLASM

◊ EXORCISM

◊ FEARS

◊ FRIGHT

◊ GHOST

◊ MIRRORS

◊ NOISES

◊ PHOTOGRAPH

◊ PORTRAIT

◊ SCARED

◊ SCREAMS

◊ SHADOWS

◊ SPECTRAL

◊ SPELL

◊ TERROR

◊ THUNDER-
STORM

◊ VAMPIRE

◊ WAILING

41 FREE Words

```
E A S N O I T A I C O S S A M
D X R A D I C A L A W D P O S
A I T W M I P K E H Z O I F E
R C N A R P T B C V M Y R C E
T H O U S E L N Y E G M I H N
S P E E C H U E O R S A T A T
T N T A I L M M E S Z S Q R E
Y U E D W G B N D E T O N G R
L R S O E L E C T R O N J E P
E L R Y T M N E P E O P L E R
L L Y X U O K V H E R A M T I
D R E T D R C V H Z P R E S S
U N T R A B E B K O P N P N E
E B A M Y S A E D N A E U T D
H P E R J H A N D E D C S E R
```

◊ AND EASY   ◊ MARKET   ◊ SPEECH

◊ ASSOCIATION   ◊ MASON   ◊ SPIRIT

◊ ELECTRON   ◊ OF CHARGE   ◊ STYLE

◊ ENERGY   ◊ PARDON   ◊ THROW

◊ ENTERPRISE   ◊ PEOPLE   ◊ TRADE

◊ HANDED   ◊ PRESS   ◊ VERSE

◊ HOUSE   ◊ RADICAL   ◊ WORLD

◊ LUNCH   ◊ SAMPLE   ◊ ZONE

42 Things That Go Round

```
Y E F Y E L B A T N R U T N L
M L N I A R T L E D O M E P E
N F I S H I N G R E E L S A S
L E D Y P J A D O A Y P A G U
T E D R V A E P S D I A T I O
R R E E O E C T E N J M E G R
E E A H R C E E D Q Q R L I A
A G L K W R E L S B O L L L C
D P R L O O E R C T C B I R T
M C L I O G D K S Y A A T I U
I M D A N R H A S K C T E H R
L U O U N D C D N I J L I W B
L H T R A E E H T R H Q O O I
F A N B E L T R F T O W F N N
A R M A T U R E P B F T R W E
```

◊ ARMATURE
◊ ASTEROID
◊ CAROUSEL
◊ CASTOR
◊ CYCLONE
◊ FAN BELT
◊ FISHING REEL
◊ GO-KART

◊ GRINDER
◊ MODEL TRAIN
◊ PLANET
◊ RECORD
◊ ROLLER
◊ SATELLITE
◊ SPACE STATION
◊ SPINDLE

◊ THE EARTH
◊ TORNADO
◊ TREADMILL
◊ TURBINE
◊ TURNTABLE
◊ WHEEL
◊ WHIRLIGIG
◊ WHISK

43 Help

```
I S H E N N E R I A R G E Y S
H E A R T E N C O U R A G E J
L O W C R A D L E W X N O Y E
S F E Y F E D E C R E T N I R
T E S R U N X O N I E V R E S
T S E E G P E P M D G M S M E
K H O U R V R P E M O T E G C
K Z I O E E R E E D O R B O O
R D P I B O C V T R I C S I N
E U L H V N E S E S U T C E D
P E A E A G Y A G B O T E A P
R E G N I F A T F I L F R U C
E J I L E R O S N O P S S U K
H F B X V M E C H A M P I O N
W O R K W I T H S N A R I N U
```

◊ ACCOMMODATE   ◊ FOSTER   ◊ OBLIGE

◊ BOOST   ◊ GUIDE   ◊ PROP UP

◊ CHAMPION   ◊ HEARTEN   ◊ RELIEVE

◊ CRADLE   ◊ IMPROVE   ◊ RESTORE

◊ ENCOURAGE   ◊ INTERCEDE   ◊ SECOND

◊ ENDORSE   ◊ LIFT A FINGER   ◊ SERVE

◊ EXPEDITE   ◊ NURSE   ◊ SPONSOR

◊ FINANCE   ◊ NURTURE   ◊ WORK WITH

44 Floral Clock

```
S E S U S E S S O M S G S L Z
R M A T A E H E R C O R I E Y
K Y G N D S G N E M U W M D D
U H E U B Q R E N O F I H G L
K T M R U R U C H I T S Y I O
A A E W S T B I C B E I P N G
P H A I Z E N O O O L L S G I
E T T T R I I R B U O A L E R
S R Y E Y E D S V S L X P U A
O B E Z V E E E N V P O A T M
F G E I R I J E I A L I Q O O
W R L S T D R A E S P E L D S
H A N D S E M P E R V I V U M
N I A G A R A P A R K S E K T
H L A M R O F S I R E B I M C
```

◊ BORDERS

◊ EDGING

◊ EDINBURGH

◊ FORMAL

◊ HANDS

◊ HERBS

◊ HOURS

◊ IBERIS

◊ MARIGOLD

◊ MOSSES

◊ MULLEIN

◊ NIAGARA
PARKS

◊ OXALIS

◊ PANSIES

◊ PRIVET

◊ SAGE

◊ SALVIA

◊ SEDUM

◊ SEMPERVIVUM

◊ SENECIO

◊ SLOPE

◊ THYME

◊ TIME

◊ TULIPS

45 Creatures

```
D A M I S A R D R E S O P O B
D M S O R E C O N I H R B W E
H Q B U K M D E C N U O Z U T
T R M A K E R A B B I T V O P
O E L A N D O G C W H A L E Y
L P O T K T R H G T O E G U T
S P D E T O A A I A C M D U H
O O S E W I E M P O B N B M O
O H R M E E R K A T X M E A N
R S T E N E G E E S E U A K T
E S U Y G R E R N E F G V R I
Y A R I T E K C I R C P E N D
G R T G O O S E U K O T R E R
E G L L R O T A G I L L A M H
T V E N S U N D S I L E O N E
```

◊ ALLIGATOR   ◊ GUINEA PIG   ◊ RHINOCEROS

◊ BANTAM   ◊ LEMUR   ◊ RODENT

◊ BEAVER   ◊ MEERKAT   ◊ SLOTH

◊ CRICKET   ◊ OCELOT   ◊ STOAT

◊ ELAND   ◊ OTTER   ◊ TIGER

◊ GENET   ◊ OUNCE   ◊ TURTLE

◊ GOOSE   ◊ PYTHON   ◊ WHALE

◊ GRASSHOPPER   ◊ RABBIT   ◊ WOMBAT

46 Cooking Terms

```
E E L E R E S I A N N O Y L R
N R T M A R I N A D E R T O T
I R F T R U Q Y U L E O U S B
S U T O O T G X A T F L A E H
I E E E M C J R U N A O N T A
U B L N E C O O A D R I R B U
C U O I A G R C E T A O E N P
E A N R L C N B O C I L M E O
T L G R N S U P I I O N P E I
U D A E I A B R O U I L L E V
A E P T D N E K C I H T B Y R
H N S N U M R P A Y S A N N E
G T E E A L A G R E Q U E G S
O E N P A P I L L O T E R M S
D O P I A Z A Y C E R C A L A
```

◊ A LA CRECY   ◊ BROUILLE   ◊ HAUTE CUISINE

◊ A LA GREQUE   ◊ COCOTTE   ◊ LYONNAISE

◊ AL DENTE   ◊ DOPIAZA   ◊ MARINADE

◊ AL FORNO   ◊ EN CROUTE   ◊ MORNAY

◊ AMERICAINE   ◊ EN DAUBE   ◊ PAYSANNE

◊ AU BEURRE   ◊ EN PAPILLOTE   ◊ POT ROAST

◊ AU GRATIN   ◊ EN TERRINE   ◊ ROULADE

◊ AU POIVRE   ◊ ESPAGNOLE   ◊ THICKEN

47 King Arthur

```
L A N T O L E C N A L E S T A
E C E I W W I L H T E R A G E
T O L E M A C E A R E T H Y R
S J B V L U N O G A R D N E P
I N A N Y Y E L O V K P T F A
R B Y I A P C U H A P C Q E H
E B O L K B F C R L D P D L P
B R J R R Y L A M O R A K N C
O E T E I N C N P N G D S A S
E U T M S S L E N O I L E G H
L N O O S J L Y N A Q G D R E
B O L A Y L D E G O R E L O C
K R A M E F T D E R D R O M T
D A H A L A G Y J R Z H S Y O
D D S D C H I V A L R Y I R R
```

◊ AVALON

◊ BLEOBERIS

◊ BORIS

◊ BREUNOR

◊ CAMELOT

◊ CHIVALRY

◊ DAGONET

◊ DEGORE

◊ GALAHAD

◊ GARETH

◊ HECTOR

◊ ISOLDE

◊ LAMORAK

◊ LANCELOT

◊ LIONEL

◊ LUCAN

◊ MERLIN

◊ MORDRED

◊ MORGAN LE FEY

◊ NIMUE

◊ PELLEAS

◊ PENDRAGON

◊ SHALOTT

◊ SIR KAY

48 Architecture

```
H S I L G N E Y L R A E D C T
I A N I C G A R C A D E I S D
R E V E L I T N A C M R U G D
Y E A R L Y P R Q N O C O R A
H R E M E M D G E D R C E F C
L R P F T N E E A T O C M G H
F R I E Z E R T E L S G A S U
U N L O H C C Q O E B I I C N
L L A G S K T N N P H M O A H
E A S I Q S N S A M E C I L E
B I T V I A U V O L U T E H C
R N E E D O T O F P P L C L V
O I R E R T N Y V Y M I O O F
C F S O C L E I G X N I A C E
T O U L E S O E C R E S I D E
```

◊ ARCADE

◊ CANTILEVER

◊ CLOISTER

◊ COLONNADE

◊ COLUMN

◊ CORBEL

◊ DORIC

◊ EARLY
ENGLISH

◊ EGYPTIAN

◊ FINIAL

◊ FLECHE

◊ FLEMISH

◊ FRIEZE

◊ IMPOST

◊ IONIC

◊ LANCET

◊ METOPE

◊ NICHE

◊ OGIVE

◊ PILASTER

◊ SCREEN

◊ SOCLE

◊ VOLUTE

◊ VOUSSOIR

49 Bread

```
R E L L I M M W R G W H I T E
C R U S T Y H I R J L U V E R
T E Z W I E B A C K O U N I I
S A S W A I I R P H H H T O S
A V G T N B E A R M E G Z E I
O A D A R E S F A I D T U V N
T K T O R A C R L A A A T O G
E Y V T F L R E E M F E T A D
C K O S E A I N O E S U N X A
U H K U Q L K C Z O O E Y T N
A K A U B S U H R R U O L F A
S P E L L W B F C U R E T B D
Z T B L L G E H F U M R F J A
A A O T S A E Y A U R B W T M
W R S E M U H E E N M A S I A
```

◊ ANADAMA   ◊ GARLIC   ◊ RISING

◊ CHALLAH   ◊ GLUTEN   ◊ ROLLS

◊ CROUTON   ◊ KNEAD   ◊ SAUCE

◊ CRUMBS   ◊ MARRAQUETA   ◊ TOAST

◊ CRUSTY   ◊ MATZO   ◊ WHEAT

◊ DOUGH   ◊ MICHETTA   ◊ WHITE

◊ FLOUR   ◊ MILLER   ◊ YEAST

◊ FRENCH   ◊ MUFFULETTA   ◊ ZWIEBACK

50 Olympic Sports

```
Y G G S E S K Y E K C O H E N
O Y D I E H O O R A Y F Y O O
L M T N R O W I N G E A L D D
O N L N S T F P G N L H I I U
P A U E S P N O C N T H V S J
R S A T O U R I O A I I C G
E T V E F T N L T T N X Y U N
T I E L T G H N O G B C O S I
A C L B B T E S Y N L A Y B E
W S O A A P A R H I G P L R O
U E P T L I E A N T V J E L N
S A P E L H M G A O E G U C A
O E P I C M H V T O M I K M C
H W N R E E H I G H J U M P P
W G A R M E M U H S V E G D Y
```

◊ ARCHERY   ◊ GYMNASTICS   ◊ POLE VAULT

◊ BOXING   ◊ HAMMER   ◊ ROWING

◊ CANOEING   ◊ HEPTATHLON   ◊ SAILING

◊ CYCLING   ◊ HIGH JUMP   ◊ SHOOTING

◊ DISCUS   ◊ HOCKEY   ◊ SHOT PUT

◊ DIVING   ◊ JUDO   ◊ SOFTBALL

◊ FENCING   ◊ LONG JUMP   ◊ TABLE TENNIS

◊ FOOTBALL   ◊ PENTATHLON   ◊ WATER POLO

51 Plumbing

```
M K N I S P E I A T O R A S E
S Z Y A W A K A O S K A E L I
R E D L O S I R K D H R J A E
G Y G N I R O N V E U O P W E
D U R A L T A H I T I C W K D
I N R O A F I W X S V P C E G
P H C I V W L I E O A Y T K R
R K D D A N F U T B L B E U V
E A D S K N A T X P Q O D N U
R P T A R T Z H P L P C I Q C
K E H T E Y B U R U E L B O A
O D E E R R S E M G L L O W O
F A D Q A A H P N S E K B T W
V V A L V E P T E D E K D O C
T A O L F I L T E R S A N K W
```

◊ AIRLOCK	◊ FLUX	◊ SOAKAWAY
◊ BASIN	◊ LEAKS	◊ SOLDER
◊ BEND	◊ O-RING	◊ SUPPLY
◊ BIDET	◊ PLUG	◊ TANK
◊ ELBOW	◊ PUMP	◊ THREAD
◊ FILTER	◊ RADIATOR	◊ TRAP
◊ FIXTURES	◊ SHOWER	◊ VALVE
◊ FLOAT	◊ SINK	◊ WASTE

52   Welsh Place Names

```
L P R H C W L M A C H T F I D
L T A A R S A N A A R D F W D
A N B B G G W Y N E D D A F Y
N A I E E L V H L C S E D E L
T P E U E R A E A V E N N L O
M Y E S E L G N A R E P A I D
A T A T E D E E R B L N L W K
E N K I D W E L L Y G E L R S
S O M E T H L E M E H W C N R
T P B O N A N T L L E R G H O
E D W Y D D U E L U U E I H F
G N E U W H R W L T F D F A E
I B A Y S N P B H T E D N L R
E Y M Y D R O I L Y N C E J T
D D E N Y W N C L L O C K A E
```

◊ ABERGELE	◊ HARLECH	◊ NANTLLE
◊ AMLWCH	◊ KENFIG	◊ NEWTOWN
◊ ANGLESEY	◊ KIDWELLY	◊ PONT-Y-PANT
◊ BEDDGELERT	◊ LLANDAFF	◊ PWLLHELI
◊ CONWY	◊ LLANGELER	◊ RAGLAN
◊ DERWEN	◊ MAESTEG	◊ RUTHIN
◊ DOLYDD	◊ METHLEM	◊ SWANSEA
◊ GWYNEDD	◊ MYDROILYN	◊ TREFOR

53 Sharks

```
I S A Z D M H S I F G O D E M
N Y S P E A R T O O T H Z E N
Y I N C G R E Y R E E F E I I
W R F I E C P H M S S V B E L
M W R G L D I A L Z C I R O H
E D K E N B K H T E H H A T D
I R Q T H O O Z H B V L O A B
U A O W O C L G G B X O E O U
Q P Y V O K I W I Z T H H U L
E O M E K L U D N E R E G S L
R E G I T E M K N E Y S A M H
D L Y N O M Y I M O B R N U E
P E P L O O F M L G P U G L A
N L R X T N A B G K M N E K D
W E L I H H E A R E C V S S U
```

◊ BULLHEAD   ◊ LEMON   ◊ PYGMY

◊ DOGFISH   ◊ LEOPARD   ◊ REQUIEM

◊ FINE-TOOTH   ◊ LONGFIN   ◊ SCHOOL

◊ GANGES   ◊ MAKO   ◊ SHOVELHEAD

◊ GOBLIN   ◊ MILK   ◊ SPEAR-TOOTH

◊ GREY REEF   ◊ NIGHT   ◊ TIGER

◊ HAMMERHEAD   ◊ NURSE   ◊ TOPE

◊ HOOK-TOOTH   ◊ PONDICHERRY   ◊ ZEBRA

54 Plurals not Ending in S

```
Q U O M I B U R E H C X B Z I
A L X Q P E S A X T I Q H N A
S T I M U L I Q V E B Y M C R
E A N N E T N A A E A U H F B
P W Z T U Q P V A T L I Q U A
H M B N B A R B R A L A G N L
E E I S T A D I A D Y Y D G E
N M A A L I R O R C S Y N I D
O O R D I J L E D W T F M C N
M R Z A L N N L N H M E D I A
E A Z Y H I I K I E W N R M C
N N E M O W C M S C G A J I W
A D L W F G L E R B A U D C A
L A A V Y D N Z A E S B P S N
E S E E G E S T R A T A T U J
```

◊ ALUMNI   ◊ FUNGI   ◊ PHENOMENA

◊ ANTENNAE   ◊ GEESE   ◊ STADIA

◊ BACILLI   ◊ GENERA   ◊ STIMULI

◊ BACTERIA   ◊ HEAD LICE   ◊ STRATA

◊ CANDELABRA   ◊ LARVAE   ◊ SYLLABI

◊ CHERUBIM   ◊ MEDIA   ◊ TEETH

◊ CHILDREN   ◊ MEMORANDA   ◊ TERMINI

◊ ERRATA   ◊ MINUTIAE   ◊ WOMEN

55 Jazz

```
D E S I V O R P M I F E L S H
S E R A N A T A Z U D D H M E
R O L L I N S Z W I Y R A A K
T E H C E B A N A E H A Z E C
Y K P M T J O P L I G G B R E
A R G M T I O R L W R T R T B
W E T O S B E M E N O N U S R
O K H U T D R S R E O A B N E
L R F S D O T E Y Y V V E I D
L A O A F C H N M E E A C A I
A P I E O E R E R I K S K M E
C C E A K E O S R E T A R E B
N R S U B F E I T M D G L O M
F T O M H C T A S B A O A B D
P M S N A E L R O W E N M R A
```

◊ ADDERLEY
◊ AVANT-GARDE
◊ BECHET
◊ BEIDERBECKE
◊ BLAKEY
◊ BRUBECK
◊ CALLOWAY
◊ DORSEY

◊ FREE-FORM
◊ FUSION
◊ GROOVE
◊ HERMAN
◊ HOT JAZZ
◊ IMPROVISED
◊ MAINSTREAM
◊ MODERN

◊ NEW ORLEANS
◊ PARKER
◊ POST-BOP
◊ RAGTIME
◊ ROLLINS
◊ SATCHMO
◊ WALLER
◊ WEST COAST

Double-letter Starts

```
L O N H L L N M R O W L E E V
L O E A Y G O L O O D O O B D
A G H P O E R J E S L E E L L
O A C M F H A M S E E E A L L
O M A O O M A A R F L A L A E
L O A O A K R A V D R A A N E
I U A F Y G T A E H M N M E R
T S L L O C R U A K O D R E
H I U E N E O S L Y K A Y O H
P I E M H Y I O O L L A O G P
A A W T E W E L E A S C L N S
O D O E L L E W E L Y N L I O
O O L O N G R L U S T D I Z O
E E Y D B G I S T S C F O O W
K S I S E N E G O O N E E O P
```

◊ AACHEN

◊ AARDVARK

◊ AARHUS

◊ AARON

◊ EELAM

◊ EELGRASS

◊ EELWORM

◊ EERIE

◊ EEYORE

◊ LLAMA

◊ LLANERO

◊ LLEWELYN

◊ LLOYD

◊ OOCYST

◊ OOGAMOUS

◊ OOGENESIS

◊ OOJAMAFLIP

◊ OOLITH

◊ OOLOGY

◊ OOLONG

◊ OOMPAH

◊ OOSPHERE

◊ OOTHECA

◊ OOZING

57 Round Objects

```
N A J J K Q J N T L T O S F H
U H E O S P H E R E T A I S E
R U W T E V L N R T E O I C T
Y B K Y P E Q E E T L D T U C
J C P E Y E B B B E L E D E I
R A G E L B O L L R E W O A R
A P R C A L E U M O P A O R C
I E R S G R I N G E M T I B L
H I U E U C L O C K D I A L R
C O M P A C T D I S C A A T U
P G Z E S A S K E N L B L E B
U O U Z B U C I T L E H C H A
L O O L G U Q K D Y E G H A L
S U E H P T O K E N V B S H L
E T W F L L A B H C A E B R E
```

- ◊ BEACH BALL
- ◊ BERET
- ◊ BOWL
- ◊ CIRCLE
- ◊ CLOCK DIAL
- ◊ COMPACT DISC
- ◊ DISCUS
- ◊ DISH
- ◊ EYEBALL
- ◊ EYELET
- ◊ GLOBE
- ◊ HOOP
- ◊ HUBCAP
- ◊ LETTER O
- ◊ MEDAL
- ◊ PEARL
- ◊ PELLET
- ◊ PLUG
- ◊ PUCK
- ◊ RING
- ◊ SPHERE
- ◊ TABLET
- ◊ TOKEN
- ◊ WOK

58 Party

```
C E I L I D H N O V C E N N E
U H W A S S A I L S E R G E K
N W O D E O H C P R U L E W I
L A I C O S I R I F Z L T Y E
Y G N H V N E O I R C B T E O
C A N R C E S S R O V W O A C
D G Q I N R E V E L R Y G R C
N S P S R E S Q B I A F E S A
X E Y T J E D H L C L U T E S
D P V M E U H R I Z A N H V I
I D Z A A M U T A N G C E E O
N F J S R A T L A G D T R O N
N J A M B O R E E G Y I E Z U
E N G A G E M E N T F O G B X
R Z I Y R A S R E V I N N A X
```

◊ ANNIVERSARY

◊ CEILIDH

◊ CHRISTMAS

◊ DANCE

◊ DINNER

◊ ENGAGEMENT

◊ FROLIC

◊ FUNCTION

◊ GALA

◊ GARDEN

◊ GATHERING

◊ GET-TOGETHER

◊ HOEDOWN

◊ JAMBOREE

◊ NEW YEAR'S EVE

◊ OCCASION

◊ PICNIC

◊ RAVE

◊ REVELRY

◊ SHINDIG

◊ SOCIAL

◊ SOIREE

◊ SPREE

◊ WASSAIL

59 Five-letter Words

```
A I C R F E R A H W G Y G F Y
P B Y E R B C Y N N U F I E E
A D M T G E N U S U N E V R H
P A S T E N G I B N I S E E C
E W S O H C T B U O D R N R O
R J E N L E A F Q T V U A F U
R U H G V T K U A O H N V C G
B U L L O V A E W L U D T H H
D K O N R E T N E L D I O H S
G S I E M O M B N A J D V A M
V O F B R R Y S D M P R O X E
E C A M E L J N Y N N E J D J
Q T C Y D Z A E S B B V T K A
S E A D J Z E C D R A E B N S
K T O T H A T L E D I N K F F
```

◊ ABYSM	◊ ENTER	◊ OCTET
◊ ALLOT	◊ FUNNY	◊ ODDLY
◊ BATON	◊ GENUS	◊ OTTER
◊ BEARD	◊ GIVEN	◊ PAPER
◊ BEZEL	◊ JENNY	◊ PASTE
◊ CAMEL	◊ LUNAR	◊ SOLVE
◊ COUGH	◊ NEVER	◊ UNDID
◊ DOUBT	◊ NURSE	◊ VENUS

60   Creepy-crawlies

```
U J S W E X A G P T L A R V A
E J G R L N A E H S G T K N O
R O E L U D O O L E L P R O G
M S L I F V R R L F G E E S A
R J B L G A K T D T P V U I M
O L Y N X J T N E P G F J O I
W U A M R O W D O O L B M P S
W T Y J B N L H K C Q G U N E
O M B E W E S L O C U S T J B
L N U G G S W D W B S A V O U
G L C G A T O U D M R Y T C N
B C S R T G Y E O S I F V T O
L E G D I M B T U C L T P R P
M A Y F L Y H S X Y T J E E E
M L O C A S T E U E L Y T R A
```

- ◊ BEDBUG
- ◊ BLOODWORM
- ◊ BLUEBOTTLE
- ◊ BOTFLY
- ◊ DRONE
- ◊ EGGS
- ◊ ELYTRA
- ◊ FLEA

- ◊ GADFLY
- ◊ GLOW-WORM
- ◊ GNAT
- ◊ GRASSHOPPER
- ◊ IMAGO
- ◊ LARVA
- ◊ LEGS
- ◊ LOCUST

- ◊ MAYFLY
- ◊ MIDGE
- ◊ MITE
- ◊ NEST
- ◊ POISON
- ◊ PUSS MOTH
- ◊ TARSUS
- ◊ THORAX

61 TAIL Endings

```
U  I  I  A  T  T  R  I  H  S  R  I  R  F  A
L  I  A  T  A  L  I  A  T  S  E  R  A  M  S
Y  E  L  L  O  W  T  A  I  L  N  N  S  J  L
J  G  L  I  L  I  A  T  N  O  T  T  O  C  I
L  L  L  I  A  T  A  I  L  A  P  B  I  O  A
K  I  I  B  A  T  N  L  I  I  R  F  C  C  T
L  A  A  J  P  T  E  L  I  R  A  U  A  K  B
I  T  T  I  V  E  V  H  A  R  T  L  T  O
A  R  T  L  N  N  O  R  O  T  T  B  G  A  B
T  I  A  I  T  R  E  X  A  D  Y  H  E  I  L
E  A  R  A  A  L  U  I  T  A  I  L  S  L  P
T  H  I  T  I  A  L  T  W  A  G  T  A  I  L
I  L  A  H  L  I  A  T  G  N  I  R  A  W  F
H  L  L  I  A  T  P  I  H  W  J  L  I  I  U
W  C  O  A  T  T  A  I  L  L  I  A  T  E  D
```

◊ BOBTAIL   ◊ FANTAIL   ◊ RETAIL

◊ COATTAIL   ◊ FISHTAIL   ◊ RINGTAIL

◊ COCKTAIL   ◊ HAIRTAIL   ◊ SHIRT TAIL

◊ COTTONTAIL   ◊ MARE'S TAIL   ◊ TURN TAIL

◊ CURTAIL   ◊ OXTAIL   ◊ WAGTAIL

◊ DETAIL   ◊ PIGTAIL   ◊ WHIPTAIL

◊ DOVETAIL   ◊ PINTAIL   ◊ WHITETAIL

◊ ENTAIL   ◊ RAT-TAIL   ◊ YELLOWTAIL

62 US Presidents

```
U V R N A G A E R E R S N Z N
R L O A O E A K O U T N O O O
A P L N S N L R H A E O S K S
S J Y A E J N T F E I N I L L
U N A H W O R T L I H H D C I
N R T C M A H B R O E F A O W
P O T U K R S G J U R L M O K
B M T B O S E H N U M R D L Y
A C U N E G O T I I H A E I D
H A R R I S O N R N D A N D E
T U E J T L V U N A G R J G N
R C T L I N C O L N C T A E N
T L E V E S O O R E V O O H E
E I S E N H O W E R C E K N K
H F I L E R O M L L I F A U A
```

◊ ARTHUR   ◊ HARDING   ◊ MONROE

◊ BUCHANAN   ◊ HARRISON   ◊ REAGAN

◊ CARTER   ◊ HOOVER   ◊ ROOSEVELT

◊ CLINTON   ◊ JACKSON   ◊ TAYLOR

◊ COOLIDGE   ◊ JOHNSON   ◊ TRUMAN

◊ EISENHOWER   ◊ KENNEDY   ◊ TRUMP

◊ FILLMORE   ◊ LINCOLN   ◊ WASHINGTON

◊ GARFIELD   ◊ MADISON   ◊ WILSON

63 MAKE Words

```
E G F S S U F A H E Y E L R Y
S N O V R E P E T W E F Q Y S
N J N A E L S E H C E E P S E
E F U H A S T E N P R Y Z J Y
S R F M D M G A T P O T A N E
Y Y U O Y Z R W P S F E Q W S
K D P S R T Y B K F M Y O K A
A S T A N D G C P P O S A R T
F M E E T P A M D U O E C N Y
S L N F E R V E Y O R L I E T
C A I A T M O G A B F O A P E
X H C E X O S O R Y P F U L V
S E S E V A W O A A A N R H J
Y R R E M T T D C C S F E R A
R E R I V S D N E M A E R Y D
```

◊ A FACE

◊ A FUSS

◊ A POINT

◊ A STAND

◊ AMENDS

◊ AN ENTRANCE

◊ CLEAR

◊ EYES AT

◊ FUN OF

◊ GOOD

◊ HASTE

◊ MERRY

◊ OR BREAK

◊ OVER

◊ PEACE

◊ READY

◊ ROOM FOR

◊ SENSE

◊ SHIFT

◊ SPEECHES

◊ SURE

◊ TRACKS

◊ WAVES

◊ WAY

64 Brisk

```
F M R H N B T N E I C I F F E
E E A C A O S P I R I T E D D
B R G G I S N V L A T I V X E
X A E N D M T O L R E U Y S X
G I V C I J A Y N V G A P N H
N O I T P H O N I S R I P A I
I C T M A C S G Y B E T I P L
L R C P R T O E Q D N N Z P A
T I A X R R K B R U E Q S Y R
S S U A O A N R E F I H I E A
U P M U I Y H U L C E C M G T
B S S F E N Z S B E E R K N I
Y L E V I L U Q M P Y X A K N
B R A C I N G U I S A P S Y G
V E K I L S S E N I S U B Z C
```

◊ ACTIVE
◊ BRACING
◊ BRUSQUE
◊ BUSINESSLIKE
◊ BUSTLING
◊ CRISP
◊ DYNAMIC
◊ EFFICIENT

◊ ENERGETIC
◊ EXHILARATING
◊ HASTY
◊ LIVELY
◊ NIMBLE
◊ NO-NONSENSE
◊ QUICK
◊ RAPID

◊ REFRESHING
◊ SHARP
◊ SMART
◊ SNAPPY
◊ SPIRITED
◊ VIGOROUS
◊ VITAL
◊ ZIPPY

65   Collective Nouns

```
B T E C L S L N N U V B E D S
U R U S E D L I O W J P B S R
J O U V Q D D O I C C H T M J
P U O R G U S S T O A O A E S
A P E A S Y A B A H C M B L T
R E Y F T E V D T K H P E L K
L T E T B N K M N D C U R X C
I R V E E R E Y E B T P N H O
A I O R G D U C T H A Z A C L
M R C S K E I N S R B O C T O
E E M Z Y Y I R O E A S L A N
N F L A N G E S P I D P E W Y
T Q R C D R S E I K I Y I S P
B R Y D N A I E D A R A P A R
A F N O I T A T L A X E Y E E
```

◊ ARMADA

◊ ARRAY

◊ BATCH

◊ COLONY

◊ COVEY

◊ DESCENT

◊ EXALTATION

◊ FLANGE

◊ GROUP

◊ OSTENTATION

◊ PARADE

◊ PARLIAMENT

◊ PARTY

◊ PRIDE

◊ RAFTER

◊ SIEGE

◊ SKEIN

◊ SLEUTH

◊ SLOTH

◊ SQUAD

◊ STOCK

◊ TABERNACLE

◊ TROUPE

◊ WATCH

```
A R I S A M J E F R P R R O R
R E F E A F K R E R E E E F R
T A M T F A E N E N B Y L S E
P O R T E R I A E R F E L W E
P O D P M M C D A E O C I H N
N E E A Y H R B T L R T M C I
O Y S S E A Q A C T E E E A G
J O I R G N T R S U M N F T N
N A G W S D N I W B A L R E E
R R N N E A P S S R N O D R R
N V E I M Y F T B L E R A E F
U R R A T Y P A X B A G K R E
R C E K A O E E F W U N N O M
S S E D U T R W S L I J W A D
E E U T S I N O I T P E C E R
```

◊ BARBER
◊ BARISTA
◊ BUTLER
◊ CATERER
◊ DESIGNER
◊ ENGINEER
◊ FARMHAND
◊ FOREMAN

◊ GARDENER
◊ JANITOR
◊ MASON
◊ MATRON
◊ MILLER
◊ MINER
◊ NURSE
◊ PORTER

◊ PREACHER
◊ RANGER
◊ RECEPTIONIST
◊ REFEREE
◊ SEAMAN
◊ TINKER
◊ TYPIST
◊ WARDEN

67   Nuts and Seeds

```
H  S  E  M  A  S  E  S  N  D  C  I  S  W  R
Y  U  E  Y  N  X  U  B  N  Z  H  J  E  N  E
A  N  J  A  A  Y  R  O  K  C  I  H  O  C  D
W  F  G  L  H  A  M  F  E  S  S  A  C  O  N
A  L  F  P  Z  L  I  A  S  A  H  N  E  C  A
R  O  M  I  A  P  N  T  C  T  U  N  L  O  I
A  W  L  O  N  E  O  C  E  S  D  A  E  N  R
C  E  N  J  M  C  P  I  W  C  P  T  R  U  O
P  R  C  I  O  A  W  I  H  A  Y  T  Y  T  C
M  X  N  B  K  N  D  E  N  C  L  O  H  E  T
G  Y  N  O  V  P  S  R  Q  E  A  N  M  B  U
D  U  T  H  P  T  M  H  A  V  N  T  U  N  N
T  F  E  N  N  E  L  U  P  C  E  U  S  T  A
M  E  R  U  F  P  O  P  P  Y  V  J  T  I  E
F  L  T  C  R  I  U  L  L  I  D  L  I  F  P
```

◊ ALMOND   ◊ COBNUT   ◊ PECAN

◊ ANNATTO   ◊ COCONUT   ◊ PINE NUT

◊ BRAZIL   ◊ CORIANDER   ◊ PISTACHIO

◊ CARAWAY   ◊ DILL   ◊ POPPY

◊ CARDAMOM   ◊ FENNEL   ◊ PUMPKIN

◊ CASHEW   ◊ FLAX   ◊ SESAME

◊ CELERY   ◊ HICKORY   ◊ SUNFLOWER

◊ CHESTNUT   ◊ PEANUT   ◊ WALNUT

68 NATO Members

```
U Y R K A I V T A L N A M Y M
E R T O Y E N I F M R O R L U
V A A J M C K D A R D P A A I
I G L T T A C I W G A V V T G
C N Y G V U N Q N B G N E I M
E U D O J A R I C C L B C D U
L H L N U Y K K A J U N E E I
A S E H A D A N E L X I E N G
N V T W E L A A G Y E A R M L
D I R T B D O A I E M P G A E
L O I A A F R P U N B S J R B
N N N Y S I V O Y W O B T K A
U I Y N A M R E G H U T E J V
A F L A B A I T A O R C S U I
C S L O V E N I A K G X O E A
```

◊ ALBANIA

◊ BELGIUM

◊ BULGARIA

◊ CANADA

◊ CROATIA

◊ DENMARK

◊ ESTONIA

◊ FRANCE

◊ GERMANY

◊ GREECE

◊ HUNGARY

◊ ICELAND

◊ ITALY

◊ LATVIA

◊ LITHUANIA

◊ LUXEMBOURG

◊ NORWAY

◊ POLAND

◊ ROMANIA

◊ SLOVAKIA

◊ SLOVENIA

◊ SPAIN

◊ TURKEY

◊ UNITED
   KINGDOM

69 Titles

```
C B N S P G E W G S E K A G S
S N E Z Y R T R N M R X N E J
S S A Y M L E N I M I A S L F
E G F K Y A O S K U A S B O J
H R E C A R H A I Y Q K T B N
C O G N A O M A O D A S V E I
U N R B E P F S R I E I E V R
D R M O T R I A S A C N I G Z
R E T J T O A E T E N S T U B
P V C R E C R L R H C I T M M
A O X K A G O O H O E N I F I
D G D C E S Y D U O E R I D S
R K R A A Z T N Q U E M U R S
E S N V R D T L I Z Y K R B P
K T Y X L Z F R S H E I K H W
```

◊ BARON   ◊ GENERAL   ◊ PRESIDENT

◊ CORPORAL   ◊ GOVERNOR   ◊ PRINCESS

◊ DOCTOR   ◊ KAISER   ◊ RABBI

◊ DUCHESS   ◊ KING   ◊ SERGEANT

◊ DUKE   ◊ MAHARANI   ◊ SHEIKH

◊ EARL   ◊ MISS   ◊ TSAR

◊ ESQUIRE   ◊ MISTER   ◊ VICEROY

◊ FATHER   ◊ PADRE   ◊ VISCOUNT

Y	E	R	A	Y	W	T	U	O	N	R	O	W	B	H
R	C	O	B	S	I	D	E	N	E	K	A	E	W	D
A	F	E	A	W	S	W	A	S	T	E	D	S	R	E
E	F	N	W	O	D	N	U	R	C	D	A	D	U	K
W	A	W	L	R	U	S	E	D	U	P	D	R	N	C
S	T	U	O	D	E	Y	A	L	P	U	E	A	R	A
H	I	D	G	E	D	A	N	E	Z	M	R	I	A	H
A	G	E	N	P	E	D	D	O	N	E	I	N	G	W
T	U	T	I	O	A	Y	R	Y	Z	Q	T	E	G	D
T	E	E	G	O	D	S	B	O	T	G	G	D	E	T
E	D	L	G	P	B	A	L	S	O	O	O	B	D	L
R	B	P	A	I	E	E	S	E	R	P	D	J	U	K
E	E	E	L	T	A	P	A	N	E	X	I	R	C	W
D	A	D	F	I	T	Y	M	A	S	P	U	N	O	E
M	F	G	N	I	T	L	I	W	T	E	Y	D	G	P

◊ DEAD BEAT

◊ DEPLETED

◊ DOG-TIRED

◊ DONE IN

◊ DRAINED

◊ DROOPING

◊ DROWSY

◊ FATIGUED

◊ FLAGGING

◊ PLAYED OUT

◊ POOPED

◊ READY TO DROP

◊ RUN RAGGED

◊ RUN-DOWN

◊ SAPPED

◊ SHATTERED

◊ SLEEPY

◊ USED UP

◊ WASTED

◊ WEAKENED

◊ WEARY

◊ WHACKED

◊ WILTING

◊ WORN OUT

```
M A N E P R E K R A M A N A E
U C K U E E S E C I O V N I R
R V P S K L M E M O S D E H S
M P A U T U K T T F E I N R T
E R E R R R C L V S Y A I R E
E G U N E C E L K Y Y R H E E
T N C L C T H L I M P Y C N H
I C C H T I N A P P M U A N S
N O O E A E L I S A B S M A K
G G R P T I D S R E T O X C R
S S F T I U R O L P O S A S O
D C O F F E E M A K E R F R W
K E Y B O A R D I K S L D K D
B V F I L I N G C A B I N E T
T E L E P H O N E D K J F R R
```

◊ CHAIR

◊ CLERK

◊ CLIPBOARD

◊ COFFEE
MAKER

◊ COPIER

◊ DESK

◊ DIARY

◊ ERASER

◊ FAX MACHINE

◊ FILING
CABINET

◊ INVOICES

◊ KEYBOARD

◊ LETTERS

◊ MARKER PEN

◊ MEETINGS

◊ MEMOS

◊ PENCILS

◊ PRINTER

◊ PURCHASE
ORDER

◊ RULER

◊ SCANNER

◊ STAPLER

◊ TELEPHONE

◊ WORKSHEETS

72 Animal Words and Phrases

```
K F D E G E L O H M R O W E R
H C W A A T O A D S T O O L E
D Y I G L A M E D U C K S O H
R Q F L U L W O T H G I N H Q
A C D E T C O T S P X J K X Z
Z P O E D A R A T R A C E O K
I O G Y F T C O J T G U I F C
L N D E R A E G O D O J W A A
E Y A D L N R E K F H P T O B
G T Y M Y D A P X Y D C D L Y
N A S N G M C A E E A W J O G
U I X D M O S C G L O R A X G
O L B J N U R S L U R F L R I
L C A P H S I F D L O C T R P
K C E P N E H K B U L L I S H
```

◊ BULLISH

◊ CASH COW

◊ CAT AND MOUSE

◊ CAT LICK

◊ CATCALL

◊ COLD FISH

◊ DOG DAYS

◊ DOG-EARED

◊ EAGLE EYED

◊ FOXHOLE

◊ FROGMAN

◊ HENPECK

◊ LAME DUCK

◊ LOUNGE LIZARD

◊ NIGHT OWL

◊ PIGGYBACK

◊ PONYTAIL

◊ RAT RACE

◊ ROAD HOG

◊ SCAPEGOAT

◊ SCARECROW

◊ TOADSTOOL

◊ TOP DOG

◊ WORMHOLE

73   Green Things

```
C J G O S L X E R H E E G M V
R D L E P J L F E E L V A U A
E L P J E T I C I T Y P I G C
W A E L R E G K T N P I E L L
O R D U L R L O O A H N V Q O
L E T D A I B I R G R E E L V
F M S S Y G T T Z K B N R E E
I E S C J U Y E H A U E G A R
L A W N L A S E A G R E R V Y
U B R O M N R S T A I D E E Z
A C V U N A I T R A M L E S T
C E S W S D R A G O N E N W Z
R U M Z S H A M R O C K T H A
L E T T U C E G A G N E E R G
J D E R E L T S C E L E A T L
```

◊ BERET   ◊ GRASS   ◊ MARTIAN

◊ BOTTLE   ◊ GREENGAGE   ◊ OLIVE

◊ CAULIFLOWER   ◊ IGUANA   ◊ PARTY

◊ CLOVER   ◊ LAWN   ◊ PINE NEEDLE

◊ DRAGON   ◊ LEAVES   ◊ REVOLUTION

◊ EMERALD   ◊ LETTUCE   ◊ RUSHES

◊ EVERGREEN   ◊ LIGHT   ◊ SHAMROCK

◊ FIELDS   ◊ LIZARD   ◊ TURTLE

74 Words Ending X

```
N X O D O H T R O O X J B E X
X E R E X E B K X E D M E N A
X D F M Q X A I X B A B E M X
Z O C S E A R E X T S A S A N
U C B L E T V T R I R W W X U
X L E H A H B I K W F T A I X
X T J T C X X B A K X E X U D
I O S I U T O X U T X I R T S
F E B Y X D A T X X R E M A X
T U S D P E Y M O K A I Y E A
L X L X N O R B R B J W X F R
W A Z A T A B L E A U X E P O
O F I X T Y S I X A L E R R H
A V O I C E B O X A I X U E T
X E H J B R X O L H P I M A X
```

◊ AVIATRIX   ◊ MATCHBOX   ◊ REWAX

◊ BEESWAX   ◊ MATRIX   ◊ SANDBOX

◊ BOTOX   ◊ MUREX   ◊ TABLEAUX

◊ BRONX   ◊ ORTHODOX   ◊ TELEX

◊ CODEX   ◊ PHLOX   ◊ TESTATRIX

◊ EARWAX   ◊ REFIX   ◊ THORAX

◊ FIXTY-SIX   ◊ RELAX   ◊ VOICEBOX

◊ LATEX   ◊ REMIX   ◊ XEROX

75 Cartoon Characters

```
N G G S I Y W T Y I Y Z F R J
H O U E T G H J B W R L N U D
I F S T O U I O E E O A Y H R
L H U P M R B P G R M N X T O
G T W P M B G G Y T R Y S R O
W V E Z Y I I E A K S Y N A P
O R V H L T S B J Z R W O Y Y
M W I N N I E T H E P O O H U
V L R T L B A T R U T L P T N
L J S A I C U T B A G S Y A D
X G G T P N K B O E B Z O I E
S S U O I H T V B W A H J N R
O Y T M O M A I V L G V T V D
L R H R B F P E N N E L I N O
E K I P S Y Y Y L F R S I S G
```

◊ ARTHUR
◊ BART SIMPSON
◊ BATMAN
◊ BEAVIS
◊ BOBBY HILL
◊ BUBBLES
◊ DROOPY
◊ GEORGE JETSON

◊ GOOFY
◊ GUMBY
◊ JERRY
◊ MOWGLI
◊ PORKY PIG
◊ RAPHAEL
◊ SNOOPY
◊ SNOWY

◊ SPIKE
◊ STIMPY
◊ THUMPER
◊ TIGGER
◊ TINTIN
◊ TOP CAT
◊ UNDERDOG
◊ WINNIE-THE-POOH

Double S

```
E  I  I  S  S  O  F  M  X  F  A  E  S  S  H
N  E  T  N  O  I  S  S  E  R  P  M  I  S  Y
E  I  S  S  E  E  S  U  S  A  E  S  S  A  L
C  E  S  S  R  E  I  S  S  O  D  H  S  M  L
E  X  C  E  S  S  G  S  E  Q  E  U  A  E  U
S  E  O  S  T  M  I  M  W  S  G  T  Y  G  F
S  P  S  W  E  M  O  S  S  L  E  E  U  B  S
A  F  T  S  I  Y  S  I  I  U  D  S  M  S  S
R  P  S  V  E  M  A  N  S  E  S  S  S  I  I
Y  Y  N  S  S  N  E  S  S  E  I  O  O  S  L
F  U  S  S  Y  S  I  S  T  R  B  C  S  S  B
E  Y  T  T  S  T  O  F  R  M  I  H  S  R  E
S  Q  W  O  R  T  H  L  E  S  S  W  A  N  S
S  R  L  S  O  N  I  L  S  S  S  E  L  N  U
A  F  G  S  S  E  E  S  S  A  V  U  S  S  L
```

◊ BLISSFULLY	◊ FUSSY	◊ PASSIM
◊ COSSET	◊ GUSSET	◊ TISSUE
◊ DOSSIER	◊ HESSIAN	◊ TOSSED
◊ EMBOSS	◊ IMPRESSION	◊ TRESS
◊ EXCESS	◊ LASSO	◊ UGLINESS
◊ FINESSE	◊ MASS	◊ UNLESS
◊ FLOSS	◊ MESSY	◊ WESSEX
◊ FOSSIL	◊ NECESSARY	◊ WORTHLESS

77 Asteroids and Satellites

```
M E G W P A C T E R U O O V H
N W U C I O T V E O L N H A V
P R O T E U S F O T K E P V Q
E A R D Y H S B U S H J P O N
O O T R I T O N E I N Y A P N
P O P U M B R I E L P U S O F
A Y D H E L E N E L T Z R E O
N A B I L A C B I A P E T U S
D R H L E O I E E C B T A K P
M Z A S T R A E A O I E H D Y
S G A N Y M E D E P H A P E L
Z U W U U N I N X R U P H I A
E C N E A K A M A N K C E M C
I I E A G J L I A R U M K O W
R F T P J L A R I S S A O S K
```

◊ ASTRAEA
◊ CALIBAN
◊ CALLISTO
◊ CALYPSO
◊ DEIMOS
◊ GANYMEDE
◊ HELENE
◊ HYDRA

◊ IAPETUS
◊ JANUS
◊ LARISSA
◊ MIMAS
◊ NAMAKA
◊ NEREID
◊ OBERON
◊ PHOEBE

◊ PORTIA
◊ PROTEUS
◊ PUCK
◊ RHEA
◊ SAPPHO
◊ TETHYS
◊ TRITON
◊ UMBRIEL

78 Roulette

```
N O P T A P E R L E Y E R I E
O R P T E B E D I S T U O N H
O T E R V B Q R Q C A S I N O
R A I K I C O U C O L L F G U
P L E E H W A I X E L O U C S
H E Z M R R D T R A N H R Z E
E P G Y E S O E I T Y T G E I
L T R B U K Z C P A R L A Y Z
I O E E E F E N C E O O M G H
N T D N S P N A U V U S B J E
S S S D S S S H L E L S L S B
I L B E B J B C U N A E I R I
V O E J K E E Q C B Z S N D E
H T Y M Z S T A K E S T G R H
E S I N G L E S Y T R E R C B
```

◊ CASINO	◊ ODD BET	◊ SPECIAL LINE
◊ CHANCE	◊ ORPHELINS	◊ SQUARE BET
◊ DOZENS BET	◊ OUTSIDE BET	◊ STAKES
◊ EVEN BET	◊ PARLAY	◊ TIERS
◊ GAMBLING	◊ PERCENTAGE	◊ TOKENS
◊ HOUSE	◊ PRESS	◊ TRIO BET
◊ LOSSES	◊ SINGLES	◊ WHEEL
◊ LUCKY	◊ SLOTS	◊ ZERO

79 SET Inside

```
O S E T E S U A S E T I A U E
J T S E E Q W E S T E S T S S
E R A U Q S T E S A E T E N E
S E T O F F S E T S A T S D T
P R E T T E S E P Y T E E I I
D R E T D E A E N J T S P N S
E O H M E R R V T K E U W N U
A E R T E S O I D A R H S E N
D V U S M A S S F B P C E R S
S J S S E U E U E T A A T S E
E E E E T T T G G T E S R E T
T E T T E A O N A S T S S T L
S A T T S O U T U O B A T E S
C T E L J E T E S T H M E Q T
A U E E S E T U S E T N A R I
```

◊ BASSET
◊ DEAD SET
◊ DINNER SET
◊ DORSET
◊ GUSSET
◊ JET SET
◊ KNESSET
◊ MASSACHU-
  SETTS

◊ OFFSETS
◊ PESETA
◊ RADIO SET
◊ ROSETTA
◊ SET ABOUT
◊ SET APART
◊ SET FIRE TO
◊ SET OFF

◊ SET OUT
◊ SET SQUARE
◊ SETTEE
◊ SETTLE
◊ SUNSET
◊ TEA SETS
◊ TSETSE
◊ TYPESETTER

```
S Q U E R U T S O P R A D R W
S B P I T C H Y V R C R R W A
E T T C H H V N O A O R A T L
V A G O D I N C E C S A O W S
A C R K V O K O C T E N B O T
T D E A I D T P N I L G R S E
S J C S D A O A C C A E E T L
A E N O T R N T C E C M G E B
T E E E S I A I T C S E N P E
T U M J M H Q O U E A N I A R
F P P O E U A N B W D T F E T
O P D T A P Z R J T A N S C A
K Z I V I B T U P C E L O A U
T U E B A S S C L E F R T T J
S R G P O T A B U R S L F Z E
```

◊ ARRANGEMENT   ◊ POSTURE   ◊ SUITE

◊ BASS CLEF   ◊ PRACTICE   ◊ SYNCOPATION

◊ CHORDS   ◊ QUAVER   ◊ TEMPO

◊ DOMINANT   ◊ RUBATO   ◊ TENSION

◊ DOTTED NOTE   ◊ SCALES   ◊ TREBLE

◊ FINGERBOARD   ◊ SHARP   ◊ TWO-STEP

◊ FRETBOARD   ◊ STACCATO   ◊ VIVACE

◊ PITCH   ◊ STAVES   ◊ WALTZ

81   Shades of Blue

```
T R E U E V J E M N E L A C E
S E C T L G C B I A E U E E S
O K Y E C E U N N I F L L K I
I X T A R E D J E S P J K V O
H O F T K I L T D R P Y N R U
N C S O G N H E U E D N I V Q
V I N O R G T P S P E A W T R
G R E E I D H C P T E F I U U
P T E L R U G E E A E F R F T
E C H D N F I N T R S I E T O
A E A R W S R P V L U T P S L
C L H E T O B R O Y A L V A C
O E K E G Y P T I A N B E G O
C U E X E B F G E B C T O A D
K L W E C R O F R I A V E C N
```

◊ AIR FORCE	◊ FRENCH	◊ PURPLE
◊ BRIGHT	◊ INDIGO	◊ ROYAL
◊ CELESTE	◊ LIGHT	◊ SAPPHIRE
◊ CERULEAN	◊ OXFORD	◊ STEEL
◊ COBALT	◊ PEACOCK	◊ TEAL
◊ DENIM	◊ PERIWINKLE	◊ TIFFANY
◊ EGYPTIAN	◊ PERSIAN	◊ TUFTS
◊ ELECTRIC	◊ POWDER	◊ TURQUOISE

82 Commotion

```
C O N U D Y N S S V R T T R C
A N U O W R Y A N L F N E E G
M U L T I U U C T L I E R T C
U N G I B S Y A U O C M E T B
I F O E O U U R R A O R P U U
N C R I M M R F A U M E A L S
O E A E S Y R S N C M F U F T
M E C F N L O U T O K P U O L
E V L N U Z U J T S C E U E E
D O U T C R Y V P V I K T S H
N H F Y S Q O L N T L U M U T
A P O P C U A R N O I T C U R
P U P O K S H L E R C A D N M
E Q A U H M O O H Y L L A B U
L I O B R A G I T A T I O N H
```

◊ AGITATION   ◊ FRACAS   ◊ PANDEMONIUM

◊ BALLYHOO   ◊ FRENZY   ◊ RACKET

◊ BUSTLE   ◊ FURORE   ◊ RUCTION

◊ CONFUSION   ◊ GARBOIL   ◊ RUMPUS

◊ CONVULSION   ◊ HOO-HA   ◊ SPLASH

◊ FERMENT   ◊ HUSTLE   ◊ TUMULT

◊ FLURRY   ◊ OUTBURST   ◊ TURMOIL

◊ FLUTTER   ◊ OUTCRY   ◊ UPROAR

83　Rocks and Minerals

```
Y R E M E S X I D O C R A S E
H O R N B L E N D E A X Y L E
D E L A H S T C E M L D N E L
O B S I D I A N H N C D E V B
P R T V U E F S C H I S T A R
G U B R P V A K T A T V Z R A
T T D B F U J D V U E G I G M
N I M M A I M E Q N F N V L S
K L A H C G N I O B Y E M S O
T E I C E T K T C K E I G J T
N N C R U Z S S B E Y S K A S
I I N R Z P L U T V T S O I E
L S I S A A V E T I N I N O B
F N Z O T K N S E T I R Y P S
E D S E P V F F Z M J A X K A
```

◊ ASBESTOS
◊ AVENTURINE
◊ BONINITE
◊ CALCITE
◊ CHALK
◊ EMERY
◊ FLINT
◊ GABBRO

◊ GNEISS
◊ GRAVEL
◊ HORNBLENDE
◊ IDOCRASE
◊ MARBLE
◊ OBSIDIAN
◊ OLIVINE
◊ ONYX

◊ PUMICE
◊ PYRITES
◊ RUTILE
◊ SCHIST
◊ SHALE
◊ SLATE
◊ SOAPSTONE
◊ ZINC

84   Cruise Ships

```
M A D S G N I N O K L B M M E
B T N U J P Y Y Y X A L A G L
H S O M A N E R V A R D D F P
E S I M A A S D A M O R N L N
Y T T E E N S J K R M H Y S Q
R A A U R O Y N U G L F R C A
U R R R O R D E N N A J I I R
C F B O C I O L G E B N N U U
R L E P N A T L K M A A O N T
E Y L A E N D M X E T B V Y N
M E E N O A A I C R M Q A H E
E R C R K R I O A B P M T T V
T E W R I V I E R A A Y I J I
A A K N T E S T E L Y P O H H
Y W A H A V R E N I M E N W J
```

◊ ARCADIA   ◊ GALAXY   ◊ ODYSSEY

◊ ARTANIA   ◊ KONINGSDAM   ◊ ORIANA

◊ BALMORAL   ◊ MAASDAM   ◊ OVATION

◊ BREMEN   ◊ MARINA   ◊ RIVIERA

◊ CELEBRATION   ◊ MERCURY   ◊ RYNDAM

◊ ENCORE   ◊ MINERVA   ◊ STAR FLYER

◊ EURODAM   ◊ NORWAY   ◊ VENTURA

◊ EUROPA   ◊ OCEANIC   ◊ YAMAL

85 Coins

```
E G E R O D I O M K D T S E G
T N C O P P E R S N L E B O N
A I V D N U O P A T S I T U A
C H L N D S W R Y T A H G S P
U T H A M A R R E R R T B U O
D R A R L E N R E E B H E I L
B A H E G I C D E T E T R R E
S F G U N E L P I E H A E A O
U V R C J I E N N P U O L N N
D K O W U N U I B T R S A E R
I P A G N D C G D E A A H D A
L S T Y I K J I P M Z E T F L
O Z B M E B A N K C U A Y J L
S I E L B O N F L O R I N A O
T G D O N O O L B U O D B T D
```

◊ BEZANT
◊ COPPER
◊ DANDIPRAT
◊ DENARIUS
◊ DIME
◊ DOLLAR
◊ DOUBLOON
◊ DUCAT

◊ FARTHING
◊ FLORIN
◊ GROAT
◊ GUILDER
◊ GUINEA
◊ KRUGERRAND
◊ MOIDORE
◊ NAPOLEON

◊ NICKEL
◊ NOBLE
◊ POUND
◊ SESTERCE
◊ SOLIDUS
◊ STATER
◊ THALER
◊ THREEPENNY BIT

86　Things With Wings

```
V E M C H F A R M E P Z H R E
N F E A B S N F Z L I W V R E
P M R U U S U G E B A Y U R C
B P O G R F W S Y R T U I R G
Y U S T E M A K A E S P O I P
E W M U H I S Y L G M I G D U
U C V B C D P G H A E E I Y L
X E C J L G A U V C E P U E P
N B U T T E R F L Y U W B K U
I E E U K I B L E C Y G B H M
H L C R A N E E H V F I T S R
P T E N R O H O E A R G N A T
S E G L I D E R I D W X Y F R
U E W S P S N R S V R K E A T
L B C F Y T Y M E B D B P V E
```

◊ ANGEL

◊ ASH KEY

◊ BEETLE

◊ BIRDS

◊ BUMBLEBEE

◊ BUTTERFLY

◊ CHERUB

◊ CRANE

◊ CUPID

◊ EAGLE

◊ EROS

◊ FAIRY

◊ GLIDER

◊ GNAT

◊ HARPY

◊ HAWK

◊ HORNET

◊ MIDGE

◊ MOTH

◊ PEGASUS

◊ SPHINX

◊ VAMPIRE

◊ WASP

◊ WYVERN

87 Large

```
S C E D C O L O S S A L E T K
U S S U O D N E P U T S H N W
O C U U Y F G L T O N E Y A I
G T O O O L Y C W T A U C I X
N A N N N M A E K V B M C G S
O I K E S I R T Y N S I H C U
M G G I N I M O N U P O U A O
U A I M N I D U N E X B L V R
H G Y G E G M E L E M M K E T
Q R R T A S S O R O O U I R S
W O B E F N N I R A V J N N N
V N H E A E T E Z P B G G O O
R A G C N T H I M E P L A U M
F U S Y U S A C C M C E E S Z
H G O T G V C O S M I C N K A
```

◊ CAVERNOUS   ◊ GREAT   ◊ KING-SIZE

◊ COLOSSAL   ◊ HEAVY   ◊ MONSTROUS

◊ CONSIDERABLE   ◊ HEFTY   ◊ MONUMENTAL

◊ COSMIC   ◊ HUGE   ◊ PROMINENT

◊ ENORMOUS   ◊ HULKING   ◊ STUPENDOUS

◊ EPIC   ◊ HUMONGOUS   ◊ TOWERING

◊ GIANT   ◊ IMMENSE   ◊ VAST

◊ GIGANTIC   ◊ JUMBO   ◊ VOLUMINOUS

88 Wake Up

```
W A S H I N G N I K A M D E B
O S E S I C R E X E C L Y P P
K T N A S S I O R C O L I G D
S R S U N R I S E U C A L D E
R C O F M Y D H P P K E S R N
E I V W I Y F C E O C R E E V
P G E H O S A U F R E U S T
P N R C C T C R C T O C M S W
I I S Y O T F T A E W Y A I S
L N L A M F A F E A C F T N R
S W E M N W F R O R K L O G E
B A E C A J D E C A T O O C W
G Y P K V I Q L E S Z S L T O
E E E B L E A R Y E Y E D E H
D N H S U R B R I A H Q U X S
```

◊ AWAKEN

◊ BED-MAKING

◊ BLEARY-EYED

◊ BREAKFAST

◊ CEREAL

◊ COCK-CROW

◊ COFFEE

◊ CROISSANT

◊ CUP OF TEA

◊ DRESSING

◊ EXERCISES

◊ FACE CLOTH

◊ HAIRBRUSH

◊ MUESLI

◊ OFF TO WORK

◊ OVERSLEEP

◊ SCRATCH

◊ SHOWER

◊ SLIPPERS

◊ SNOOZE

◊ STRETCH

◊ SUNRISE

◊ WASHING

◊ YAWNING

```
R P G P X E C I F F O T S O P
E A R D E S I N C E R E L Y I
A L G I U N E M M L M I P A U
D Y E C N T C A I I I F E R P
I L X T T I I C N I H L O Y
N T P I T L I O L T U A L G L
G D R O I E L N K L V T B K L
N W R N P O R E G I X H E C U
I R G A N E P N I A T N U O F
D A V R C A N V N M A R H S H
A M E Y V T Y E Z R A Z T T T
E M E C E C S L R I G E X A I
H A M M O C J O U A X G V M A
O R M K O T H P P T N R K P F
Y G Z Y D S P E L L I N G S U
```

◊ AIRMAIL

◊ COMMA

◊ DICTIONARY

◊ ENVELOPE

◊ FAITHFULLY

◊ FOUNTAIN PEN

◊ GRAMMAR

◊ HEADING

◊ LETTER

◊ MAILING

◊ MEMOS

◊ MINUTE

◊ OPENER

◊ PENCIL

◊ POST OFFICE

◊ POSTCARD

◊ PRINTING

◊ READING

◊ SEMICOLON

◊ SINCERELY

◊ SPELLING

◊ STAMPS

◊ TEXT

◊ WRITTEN

Mountain Ranges

```
N T E F E Z E C D G E B Y U E
O S U D N I P F H W G R C W N
S G E A M O U C N A A X U O R
L W T A S W G R A M P I A N U
E R R N D R B V U M B A M E O
N A C L A M R S E S N S D B M
L N Z N A M E E N Z A L D A V
E L I H F G A Y G N Q Z W Y L
T T L K S Z L D D E S A Z I P
E E A O N L L I A C I G H O T
P N V H D A A S Y P U R I T Y
G O C O O C H K A Y R O K P N
E T N O U L L E D I T S Z E G
S E K I R S A L T R I V E R E
L T E W O L V S I W E L O E U
```

◊ ADAMANT
◊ BVUMBA
◊ CHAPADA
◊ DOURO
◊ GRAMPIAN
◊ GRANITE
◊ HANKIN
◊ KORYAK

◊ KRIEGER
◊ LARAMIE
◊ LEWIS
◊ MOURNE
◊ NELSON
◊ OCOOCH
◊ PELHAM
◊ PINDUS

◊ PURITY
◊ SALT RIVER
◊ SANDIA
◊ TETON
◊ TOIYABE
◊ VALHALLA
◊ VOSGES
◊ ZAGROS

91 TV

```
K D R H P S G E E H N V U A C
S S R B L H N E E R C S V F T
A F S R A T S E M R E P T E T
E T L O Z S I S R W I A M G W
T V F Y P G I I G D L U L B P
I H I O O U A E K E L F Z H Y
S N R L Y N P R N O I I O Q S
N T I V O I T T V L U N H P K
I H C O S L S H M Q E O A C O
T D S O I H N S E I L O W N I
E P D V O E W L N W S O U N D
L E A W M E R E P E A T S R U
L G N I N E D R A G K L A H T
U A R E P O M U S I C M L J S
B C A O E O A T U E A O K P P
```

◊ BULLETINS
◊ CHILDREN'S
◊ CRIME
◊ DRAMA
◊ EPISODE
◊ FILMS
◊ FLY-ON-THE-WALL
◊ GARDENING

◊ LIVE
◊ MUSIC
◊ NEWS
◊ ON AIR
◊ OPERA
◊ PHONE-IN
◊ QUIZ
◊ REPEATS

◊ SCREEN
◊ SOAPS
◊ SOUND
◊ SPORT
◊ STARS
◊ STUDIO
◊ TALENT SHOW
◊ VOLUME

92 Pasta

```
I  N  I  L  U  M  A  C  O  N  I  S  I  I  B
I  N  O  L  L  E  N  N  A  C  I  U  A  T  I
E  I  F  O  R  T  I  K  I  E  N  A  A  T  E
I  I  R  O  T  I  N  I  L  N  I  C  U  O  E
N  Q  N  R  I  U  I  D  L  N  R  X  I  L  N
O  I  U  I  U  L  Z  T  I  E  E  B  N  O  R
T  L  S  A  L  U  O  L  S  R  I  A  A  N  E
A  O  A  U  D  L  A  F  U  T  L  R  I  G  T
G  I  N  B  L  R  E  K  F  L  G  B  Z  A  N
I  V  I  W  I  L  E  T  S  U  A  I  R  R  A
R  A  T  P  M  G  I  F  R  O  T  N  A  R  L
T  R  S  U  E  P  O  P  I  O  E  A  M  M  H
I  T  A  I  R  N  K  L  N  O  T  D  E  I  S
U  L  P  O  Y  E  N  I  I  W  R  H  I  E  N
T  U  B  E  T  T  I  E  N  I  Z  E  L  F  U
```

◊ AGNOLOTTI   ◊ MARZIANI   ◊ SPIRALINI

◊ BARBINA   ◊ PASTINA   ◊ TAGLIERINI

◊ BIGOLI   ◊ PENNE   ◊ TORTELLINI

◊ CANNELLONI   ◊ PILLUS   ◊ TRENNE

◊ FIDEOS   ◊ QUADREFIORE   ◊ TROFIE

◊ FUSILLI   ◊ RAVIOLI   ◊ TUBETTI

◊ LANTERNE   ◊ RIGATONI   ◊ TUFFOLI

◊ LUMACONI   ◊ ROTINI   ◊ ZITONI

93   Exploration and Discovery

```
A E L V A R A C G S A M B L E
T L A F R I J M A D K I K O R
R A D N A L S I R E T S A E S
A K T O N H L S L I A R T Q P
V E G Q O O A N H L Y W A Q M
E T N T R T O A N S T A F M N
L A I S T Z T I N T E R I O R
W N P S A V H A J E K R A D O
J G P M P A T J S H D I E D H
A A A Z W I V B U S D O D A E
M N M A V R C C S N A R E F P
A Y I E C A M E L S G P V X A
I I S T R A V R S E L L M W C
C K A M C H A T K A E Y E O P
A A S E I N O L O C O N G O C
```

◊ AMAZON

◊ CAMELS

◊ CAPE HORN

◊ CARAVEL

◊ COLONIES

◊ COMPASS

◊ CONGO

◊ EASTER
ISLAND

◊ HAWAII

◊ INTERIOR

◊ JAMAICA

◊ JUNGLE

◊ KAMCHATKA

◊ LAKE
TANGANYIKA

◊ MAPPING

◊ NATIVES

◊ PATRON

◊ SAILORS

◊ SPICES

◊ TAHITI

◊ TRADE

◊ TRAILS

◊ TRAVEL

◊ WARRIOR

94 Calendar

```
R A E Y W E N T M L I R P A N
B U T U E S I A J O O S C X Y
H N P R S Y E T M M N E V R H
J E A O T E N U J O W T A M S
Y N R I E S S N S Y R U H E S
A A O E L R O A A E R H T S K
Y V D O T U E C A B Y A G Y E
P A S S M S J B E U D P T A E
Y A D Y R L A F M T G O G D W
S A H I P U L E J E N U E R V
A U M A R C H U A A T E S U E
E T N X I F L T F E F P P T E
J M N D Y Y N J W T G N E A Y
T U B U A R E B O T C O A S L
S R L B T Y S A M T S I R H C
```

◊ APRIL
◊ AUGUST
◊ CHRISTMAS
◊ DATES
◊ EASTER
◊ FEBRUARY
◊ FRIDAY
◊ FULL MOON

◊ JULIAN
◊ JULY
◊ JUNE
◊ MARCH
◊ MAY
◊ MONTHS
◊ NEW YEAR
◊ OCTOBER

◊ PENTECOST
◊ ROMAN
◊ SATURDAY
◊ SEASONS
◊ SEPTEMBER
◊ SUNDAY
◊ THURSDAY
◊ WEEKS

95 Native American Peoples

```
O U D C H O C T A W M Q G E P
N X U K P Y Q B G P O T C E O
A D V F U A R A P A H O A K B
S P K M N L R R W W I N R O X
H I A M I K A Y Y N C Q A R T
U E O C B M U J A E A D W E O
R E W U H L T E N E N E A H O
O N A A X E E A D O H N K C F
N W T S Q S S I O U Q O R I K
L A I E P F E B T M I H P P C
N H H S E M I N O L E S T H A
R S C X K E R H E X N O E H L
L Y I B E J A V L C M H T A B
F M W R Y W C R O W A S O X S
N D C D K W J A M M R L N M C
```

- ◊ APACHE
- ◊ ARAPAHO
- ◊ ARAWAK
- ◊ BLACKFOOT
- ◊ CHEROKEE
- ◊ CHOCTAW
- ◊ CREE
- ◊ CROW

- ◊ HURON
- ◊ IROQUOIS
- ◊ MOHAWK
- ◊ MOHICAN
- ◊ PAWNEE
- ◊ SEMINOLE
- ◊ SENECA
- ◊ SHAWNEE

- ◊ SHOSHONE
- ◊ SIOUX
- ◊ TETON
- ◊ UTE
- ◊ WICHITA
- ◊ WYANDOT
- ◊ YAKIMA
- ◊ YUMA

```
N O I T C E F N I O N M W L M
E U R H O G R E C E J E M K P
M J O I N D R W O M T M R H U
A I T I H O S Y U A T B D C Q
E A T Y A W F M N E A E Z T F
R A C D O A J I T E T R S A I
D K S R J I L E R L L O S P H
I N D E X L S T Y Q U G W C D
O S F H O K N Q O U A N T N H
E V Q P N E C H W E V A I Y E
F K E I R K A L Y S M W H C B
S A L R W T O G G T S V E O R
W K U C C I W G N I R I F R E
Y C G H A I R S U O P S E B E
D I N E M Z Y E F N R K A W D
```

◊ BREED   ◊ INFECTION   ◊ QUESTION

◊ COUNTRY   ◊ LINKS   ◊ RATIO

◊ CURRENT   ◊ MATCH   ◊ ROADS

◊ DATING   ◊ MEMBER   ◊ SWORDS

◊ FIRING   ◊ OVER   ◊ TOWN

◊ HAIRS   ◊ PATCH   ◊ VAULT

◊ HATCH   ◊ PIECE   ◊ WIND

◊ INDEX   ◊ POLLINATE   ◊ WIRE

97　Shells

```
L H K E N C R I A I S E O K X
F I O H O E P I D D O C K E I
C Y A W A T E L K C O C R N N
Z X R N X I W D O E K U E O A
C I X Y S N M N L I M L H T B
E H G W X I C Q T E O F S I R
D T Q U A H O G L S S E Z H U
H O B H S C O T N E T H M C T
G O Y Z B E R R S I L U E A B
U T I S Z U A S N N S G X L X
O U H F T O Q O W S E M N G L
R E C I T E M L E H H I U I S
T L A M C M R L N L E E L I J
Y R O Z A R Y Y S E C L L J V
L B N E T I N I R C N E K L A
```

◊ AMMONITE　　◊ HORNSHELL　　◊ RAZOR

◊ CHITON　　◊ JINGLE　　◊ SNAIL

◊ COCKLE　　◊ MUREX　　◊ SOLEN

◊ CONCH　　◊ MUSSEL　　◊ TOOTH

◊ COWRIE　　◊ NEEDLE SHELL　　◊ TROUGH

◊ ECHINITE　　◊ OYSTER　　◊ TURBAN

◊ ENCRINITE　　◊ PIDDOCK　　◊ TURTLE

◊ HELMET　　◊ QUAHOG　　◊ WHELK

98 Wind and Brass Instruments

```
N O O S S A B A W A F S N H J
R E L C W S I A L G N A R O C
O L J T R U M P E T N E O R A
H S C E E E E O E U C T H N B
H T E Q N N N U O J Q U T P U
C C R P H E O O P Z R L S I T
N O U O I A L H H H A F O P S
E T R A M P U T P P O K P E S
R N E N O B N H S L O N O M A
F Y B N E L O A A I E X I O B
S P O B I T O N P U H K A U A
E H R E D R O C E R T W C S M
O C A R I N A O C L P B N E I
G K V W A D A L I I M B O I H
S H A R M O N I C A P O H Y T
```

◊ ALPENHORN   ◊ FRENCH HORN   ◊ PICCOLO

◊ BASS TUBA   ◊ HARMONICA   ◊ POST HORN

◊ BASSOON   ◊ HAUTBOY   ◊ RECORDER

◊ CLARINET   ◊ HECKELPHONE   ◊ SAXOPHONE

◊ COR ANGLAIS   ◊ HORNPIPE   ◊ SHAWM

◊ CORNET   ◊ KAZOO   ◊ TIN WHISTLE

◊ EUPHONIUM   ◊ OCARINA   ◊ TROMBONE

◊ FLUTE   ◊ PANPIPES   ◊ TRUMPET

99   ALL Words

```
S E C I P S Y A R E Y K I R N
N U D A E T W E O S A Y N A E
O E R N O N G E O T W A C T M
N T D F U R N U H S E M L S A
Y D E D C O L M M E H E U V S
R T J T U S R T F B T R S D E
V O B R D S E A S E E I I S H
S S M A U R A T Q H O C V A T
R R Y C A T R F T T W A E I M
E Y U U Y O E A O H R N S N N
M Z Q O S W E L G D G E O T I
O S J O Y W V W L R E I P S G
C T I M E L O W H I A H R D H
K R O W E V B X N X N H U A T
J E L I T A E G T L Z G P Y X
```

◊ AMERICAN	◊ RIGHT	◊ TELLING
◊ AROUND	◊ SAINTS' DAY	◊ THE BEST
◊ COMERS	◊ SEEING	◊ THE SAME
◊ INCLUSIVE	◊ SORTS	◊ THE WAY
◊ NIGHT	◊ SOULS' DAY	◊ TIME LOW
◊ OF A SUDDEN	◊ SPICE	◊ WEATHER
◊ PARTY	◊ SQUARE	◊ WORK
◊ PURPOSE	◊ STAR	◊ YOURS

100 Walk in the Woods

```
T E W E R O M A C Y S A R D C
A E O G N I R A E L C T C A H
R T L C S A T C L E R C N O J
E T L G A E U P A U L O L S B
W T I B L G W I N A P L E W M
I W W P A M A K D Y Y I M G K
T Y A L T D Y G I P R H T R C
S M J M O E G O N R E A D E O
Q A P E O O Q E E S E V A E L
U H E A E O T B R C V P Q N M
I C O E T R R S T R E A M E E
R E R M E H T H D C B Y L R H
R E V E P B S K S A R E B Y M
E B D E E C H C A U O O A C W
L C R S C S E S S O M T W W H
```

◊ BADGER

◊ BEECH

◊ BERRIES

◊ CANOPY

◊ CELANDINE

◊ CLEARING

◊ CROW

◊ GREENERY

◊ HEMLOCK

◊ HOLLY

◊ LEAVES

◊ MAPLE

◊ MOSSES

◊ MUSHROOM

◊ OAK TREE

◊ PATHS

◊ REED

◊ SQUIRREL

◊ STREAM

◊ SYCAMORE

◊ TOADSTOOL

◊ TRUNK

◊ TWIGS

◊ WILLOW

101 Metals and Alloys

```
R P Z I N M A G L A M A H E G
E Y I S O T N E T S G N U T A
V R M N R W K C O P P E R Z R
L U Z E C C W E Q M S R I M M
I C Y R I H K O M U H N Y U U
S R O N E T B L L O C E J N I
K E L P S T T E D F R V B I N
C M O G E T Z I C S R H E T O
I V B U N W U T B K T A C A C
U S R N A M T B O B U E M L R
Q O A M G R S E R M A I E P I
U L C E N M A T R O B B H L Z
I D Q T A H R M U I N A T I T
T E F A M R A N I U M Z C B U
E R E L E M U R T C E L E T L
```

- ◊ AMALGAM
- ◊ BABBITT
- ◊ BRONZE
- ◊ CARBOLOY
- ◊ CHROME
- ◊ COPPER
- ◊ ELECTRUM
- ◊ GUNMETAL
- ◊ MANGANESE
- ◊ MERCURY
- ◊ NICKEL
- ◊ PEWTER
- ◊ PINCHBECK
- ◊ PLATINUM
- ◊ QUICKSILVER
- ◊ RHODIUM
- ◊ SOLDER
- ◊ STEEL
- ◊ TITANIUM
- ◊ TOMBAC
- ◊ TUNGSTEN
- ◊ WOLFRAM
- ◊ ZINC
- ◊ ZIRCONIUM

102 Rivers of Africa

```
U V P P A L O J A U E Z W H V
H Z O P O G N R I S W A T R I
K V K M N Y E R O F A L E F Z
A Y A A A G I L C U A N D O E
Z M W K A M L Z U R Y V A M B
I K S K U L Y U B A N G I G M
N M O D E N U S A C L W C N A
G E N T U G E L A P O A A J Z
A O I U U J Z N O C T N B U N
S O L R O P K Y E N E N G A A
I T A U H M A R I N G A I O O
B M H V B E O M T Y N A R A C
M A Y U Y I R B E O A U R E S
A G Z M D U D P M I R U J K J
A Z N A U C A G S O O T M A G
```

- ◊ CONGO
- ◊ CUANDO
- ◊ CUANZA
- ◊ GAMTOOS
- ◊ KAGERA
- ◊ KAZINGA
- ◊ KUNENE
- ◊ KWANGO
- ◊ LOMAMI
- ◊ LUALABA
- ◊ LULONGA
- ◊ MAPUTO
- ◊ MARINGA
- ◊ MBOMOU
- ◊ ONILAHY
- ◊ ORANGE
- ◊ RUVUMA
- ◊ SAINT PAUL
- ◊ SANAGA
- ◊ SONDU MIRIU
- ◊ SWAKOP
- ◊ TUGELA
- ◊ UBANGI
- ◊ ZAMBEZI

103 O Words

```
O R W O B X O O A D D E C B O
S O O G O P P O R T U N I T Y
F O O R P N E V O Q E O U O O
O G V O O V O J A A N O R C D
B B E E R O B P O F U E C W E
O P L W R G O O S T R I C H G
O E C O N D O E R D D O O N I
N W L I N A O A O E R C I O L
O K L O B G G T N A T W G B B
R G R B S E N T T A O A N L O
O C E L O T A I V E P O I O C
M Z T U C L O E Z W R H Z Q R
Y Z S G B N O I O M I N O U S
X W Y L L A I C I F F O O Y U
O P O R T O A E L P U T C O O
```

◊ OBLIGED

◊ OBLONG

◊ OBLOQUY

◊ OCCIDENTAL

◊ OCELOT

◊ OCTAVE

◊ OCTUPLE

◊ OFFICIALLY

◊ OGLING

◊ OMINOUS

◊ OOZING

◊ OPAQUE

◊ OPORTO

◊ OPPORTUNITY

◊ ORATION

◊ OSTRICH

◊ OTTER

◊ OUTRAGEOUS

◊ OVENPROOF

◊ OVERDO

◊ OWING

◊ OXBOW

◊ OXYMORON

◊ OYSTER

104 Composers

```
E G L A M V D O R M T D E M S
G I N I N A G A P E A L E I M
H A N D E L T E B F B C S L A
P V O N I N A M H C A R Z R I
Y H C N I C F M A T K A A U L
K L K I N S P O S H S G I B L
S A F B I I K Z P U L L A W I
N E B R C E O A L L I E O Z W
I G L U C K V R R E I L R H N
V T I C U B P T E O V S E N A
A E S K P R E B E W V A Z D H
R Z S N V E R D I B L D R T G
T I R E N U N D Y A H R L S U
S B A R T O K L O B L S F A A
M O E F K O V I K A R K E U V
```

◊ BARBER

◊ BARTOK

◊ BIZET

◊ BLISS

◊ BRUCKNER

◊ DELIUS

◊ DVORAK

◊ ELGAR

◊ GLINKA

◊ GLUCK

◊ HANDEL

◊ HAYDN

◊ HOLST

◊ LISZT

◊ MAHLER

◊ MOZART

◊ PAGANINI

◊ PUCCINI

◊ RACHMANINOV

◊ RAVEL

◊ STRAVINSKY

◊ VAUGHAN
  WILLIAMS

◊ VERDI

◊ WEBER

105 Bens and Benjamins

```
Z T V M C A E I Z N E K C M F
S T T M I E H N E G G U G W A
U K U A K U B E L S K Y T K S
W E O C R R E R F O S G H S H
A I I O A B E L L R U I C S E
F F W D H N E T T I R B E R R
F R L O J G T U N S G W H E M
L E A E L T O N Z H A M N T A
E L Z N A A E E S V O C G A N
C L G L K S T I L M B G F W E
K I P W S L T R T G L H A I K
C T R W H R I L O C O H E N Q
D S B U U O O N K B K F P S G
E C E C S W R J G S E A T M Y
G E F K F H Y F K W E W S T N
```

◊ AFFLECK   ◊ FOGLE   ◊ LATROBE

◊ BRADLEE   ◊ FRANKLIN   ◊ MCKENZIE

◊ BRATT   ◊ GUGGENHEIM   ◊ PLATT

◊ BRITTEN   ◊ GUINNESS   ◊ RUSH

◊ CASTLE   ◊ HECHT   ◊ SHERMAN

◊ COHEN   ◊ HOGAN   ◊ STILLER

◊ CURTIS   ◊ HOOKS   ◊ WATERS

◊ ELTON   ◊ KUBELSKY   ◊ WHORF

106 Gases

```
R O X Y O T R E J E P F K G F
I E K G V H N Y N M D E A O A
L R H M S A Y E A O N C N X R
A A I T P C G D T I E E D Y U
T D K O E S E H R T G N C G T
A P R X O R Q O Y O N E R E E
M P Y H I H L L R F G F U N N
M T P F A H E T A S B E E O I
O B T L C N I R A H N L N D R
N J O K E N K G E B Y E O A O
I N N L B E L L U H X X Z R U
A U U D T A I T T L U A O I L
Y U K E O U A E D R A H T E F
H D N C M N C N E G O N A Y C
F E B M E T H A N E M O M N E
```

◊ ACETYLENE   ◊ FIREDAMP   ◊ NEON

◊ AMMONIA   ◊ FLUORINE   ◊ NITROGEN

◊ BUTANE   ◊ HALON   ◊ OXYGEN

◊ CHLORINE   ◊ HELIUM   ◊ OZONE

◊ COAL GAS   ◊ HYDROGEN   ◊ PHOSGENE

◊ CYANOGEN   ◊ KETENE   ◊ PROPANE

◊ ETHER   ◊ KRYPTON   ◊ RADON

◊ ETHYLENE   ◊ METHANE   ◊ XENON

107 Costume Party

```
E E H S N A B E R F C D U W H
I Q T E H I P P I E I S O L F
G M S S B D R N A W R H C A
R T O B O R E T G C C T S E L
I E H W P M U Z C E U H N Y L
M D G J A R K N R S N G A Y I
R D Y N I R W A J U O I M M R
E Y D O N A C I E A J N E M O
A B N R B S C J T L W K V U G
P E U Y A H E S J C I C A M L
E A P E O Z A B K A H O C Y F
R R F A N B I R P T J P M A P
K W E T I H W W O N S S I R D
M N N W O L C O A A T R X X Q
N O T E L E K S C S Y M U M J
```

◊ BANSHEE

◊ CAVEMAN

◊ CENTURION

◊ CLOWN

◊ COWBOY

◊ FAIRY

◊ FIREMAN

◊ GENIE

◊ GHOST

◊ GORILLA

◊ GRIM REAPER

◊ HIPPIE

◊ KNIGHT

◊ MR SPOCK

◊ MUMMY

◊ NURSE

◊ ROBOT

◊ SANTA CLAUS

◊ SCARECROW

◊ SKELETON

◊ SNOW WHITE

◊ TEDDY BEAR

◊ WITCH

◊ WIZARD

108 Consumer Electronics

```
U Y O Y I M O T O R I D A S C
I C P C Z O R A L O R O T O M
E R F R R H U S Q V A R N A K
N E A U A F D Q R T A G A X E
O O K N J H A E I I G D H L E
T S W R I I S B K S X U P Y C
A A N O D H T O D U A P Y J I
N P I I C I N S L A A N D I N
I S V R F S M O U V R Q Y A O
B N O Q A A R Z E N I T H O S
K F T H C T N Q L F K Z S W A
O F Y R C A A H A M A Y I M N
I C A E U R S A M S U N G O A
A L L V E S A I B D E L A Z P
E E S I K K T B O Y E R E F S
```

◊ AMSTRAD   ◊ ELECTROLUX   ◊ PANASONIC

◊ APPLE   ◊ FITBIT   ◊ SAMSUNG

◊ ARCAM   ◊ FUJITSU   ◊ SANYO

◊ ARCHOS   ◊ HINARI   ◊ SHARP

◊ ATARI   ◊ HUSQVARNA   ◊ TRUST

◊ BINATONE   ◊ MOTOROLA   ◊ VIZIO

◊ CASIO   ◊ NOKIA   ◊ YAMAHA

◊ COWON   ◊ NVIDIA   ◊ ZENITH

109 Edible Hues

```
M I C H G H Y D R B E P A R G
Y O G N A M C O G E M E N G O
D N J R P G R A C E G S D O E
H O G N L A O A E L B N M E Q
P M U N B E M L E P O Y I N S
U L C R E A M Z I M E R O G Z
M A Y G W Y A A L V A R R A A
P S A S B H O A R E E E A P K
K Y M P A A F T F A C B N M I
I K R O R F N R A A C W G A R
N U Y R V I F A R M E A E H P
O R E Y E R C R N G O R S C A
L Y A D Q H O O O A F T A L P
E L R G S T C P T N Z S G V J
M U L B E R R Y H E E G A S T
```

◊ ALMOND

◊ APRICOT

◊ BANANA

◊ CARAMEL

◊ CARROT

◊ CHAMPAGNE

◊ CHERRY

◊ CREAM

◊ GINGER

◊ GRAPE

◊ HAZEL

◊ MANGO

◊ MELON

◊ MULBERRY

◊ OLIVE

◊ ORANGE

◊ PAPRIKA

◊ PEACH

◊ PUMPKIN

◊ SAFFRON

◊ SAGE

◊ SALMON

◊ STRAWBERRY

◊ TOMATO

110 Things That Flow

```
S E E E N I L O S A G O R A C
E L C L R R P E T R O L E U M
K K E E F E D S J R E T A W A
L C V C R W J T L K A V U L M
D I U Q I L I E A C I F I T G
R R E U P U D A V L L E F E A
H T E I P Z J M A O E A O I M
F S V D L S B S R K S E Z E C
O M I B E M C O F F E E E A G
U B N O I T A S R E V N O C E
N T H K O C D E G Z A D R K B
T I I E S O W Q R Z W E O B C
A K A D O T O U A T A M S X T
I R T L E U U L V M S T O L L
N U B K D S K F Y R E S Y E G
```

◊ BLOOD   ◊ JUICE   ◊ SMOKE

◊ COFFEE   ◊ LAVA   ◊ STEAM

◊ CONVERSATION   ◊ LIQUID   ◊ STREAM

◊ CREAM   ◊ MAGMA   ◊ TIDES

◊ FOUNTAIN   ◊ PETROLEUM   ◊ TRAFFIC

◊ GASOLINE   ◊ RIPPLE   ◊ TRICKLE

◊ GEYSER   ◊ RIVER   ◊ WATER

◊ GRAVY   ◊ SALIVA   ◊ WAVES

```
R N L O O H C S H B I J S J E
E I Z W A I N I E C E D R N C
H S P O U S E M I G R A N T R
T U S D Q A Y T I O U U U W O
A O P I C B N R C L N N H F V
F C Y W S E O E E A I P C C I
A L M F R T R L N T Z T C L D
M F F A N V E C B U E O A D E
Y A P Q L R I R R R N M T R V
C R R H S E I R O M E M E F Y
E P D R N K H L T R T H A C B
N V S T I I L F H U P M T H N
S H L K M A H T E P I H C O G
U L I N E A G E R L F K A E M
S N E P H W C E Y I J M H N N
```

◊ ANCIENT   ◊ FAMILY   ◊ ORPHAN

◊ BROTHER   ◊ FATHER   ◊ PARENT

◊ CEMETERY   ◊ LINEAGE   ◊ RECORDS

◊ CENSUS   ◊ MARRIAGE   ◊ SCHOOL

◊ CHURCH   ◊ MEMORIES   ◊ SISTER

◊ COUSIN   ◊ MILITARY   ◊ SPOUSE

◊ DIVORCE   ◊ MOTHER   ◊ UNCLE

◊ EMIGRANT   ◊ NIECE   ◊ WIDOW

112 Waterfalls

```
L E S A A R F U A R E M L O T
E K E G H A V A S U R I N K A
N W A I H F W A T S O N K B J
O N N U T I G O R D A R B D F
T E G S L U J H Q A E U D E B
S S E Z L D Z I E I C P G J T
W M L B A L L G C R K H K I R
O I U N L P A H L O E A U U U
L N S E L X E F A T B N K A O
L N L H I N F O N C R T O L C
E E X M B Q W R G I O O L I N
Y H P A M O G C F V W M A H I
M A C Z U I N E O Z N T H I L
X H C S Y A R E S L E H C A E
P A L O U S E K S B W C A W M
```

◊ ANGEL

◊ BROWNE

◊ HALOKU

◊ HAVASU

◊ HIGH FORCE

◊ IGUASSU

◊ KRIMML

◊ LANGFOSS

◊ MELINCOURT

◊ MINNEHAHA

◊ PALOUSE

◊ PHANTOM

◊ REICHENBACH

◊ RHINE

◊ RINKA

◊ TOLMER

◊ TWIN FALLS

◊ UTIGORD

◊ VICTORIA

◊ WAIHILAU

◊ WATSON

◊ WISHBONE

◊ YELLOWSTONE

◊ YUMBILLA

113 Zeal

```
A M I T E Y N S S E N N E E K
T S E Z H O Z A V A R E S S J
M S I C I T A N A F C N P I O
I S A S E D N X E O W I N W A
W L S E R I F E M R R S E M M
E A N I Y Z Y M M I F A B I M
P N V D Y R I Y T E R I L S Y
G E U W T T R N N T I A G D
H T J O M I I O E I T I R X E
S U G E D W I S O A S E C D V
Q I N I A T T N N U N O T X R
B T V R O N V C H E T O H C E
T A M V E J Y T F S T W V I V
D T E S F V N G U I U N M N W
H D S S S E N G N I L L I W A
```

◊ AMBITION
◊ AVIDITY
◊ BIGOTRY
◊ COMMITMENT
◊ DEVOTION
◊ DRIVE
◊ EARNESTNESS
◊ ENERGY

◊ ENTHUSIASM
◊ EXCITEMENT
◊ FANATICISM
◊ FIRE
◊ FRENZY
◊ GUSTO
◊ INTENSITY
◊ KEENNESS

◊ MILITANCY
◊ PASSION
◊ SPIRIT
◊ STUDY
◊ VERVE
◊ WARMTH
◊ WILLINGNESS
◊ ZEST

114 Electrical Appliances

```
N T T C R E Y R D N I P S J Y
A R I E I Q E B M K L G N M B
F G E H L T H K E T T L E I R
R J J V N E S C A N N E R C S
O K E I A O V R A T I U G R R
T S R T K H X I O G S V T O E
C P E A F S S A S T M Y R W D
A R H I L F S S R I P M E A N
R A S U P T R L B E O A D V A
T Y A T E A L E W W P N N E S
X G W R H I N R E S J E E O R
E U H W R G I R T Z I B L V E
W N S D H T I O E K E K B E Y
J U I C E R O L T W W R E N R
S G D R C F C H A R G E R G F
```

◊ BLENDER

◊ CHARGER

◊ DISHWASHER

◊ DRILL

◊ EXTRACTOR FAN

◊ FOOT SPA

◊ FREEZER

◊ FRYER

◊ GUITAR

◊ HEATER

◊ JUICER

◊ KETTLE

◊ LIGHTS

◊ MICROWAVE OVEN

◊ MOWER

◊ PRINTER

◊ SANDER

◊ SCANNER

◊ SHAVER

◊ SPIN DRYER

◊ SPRAY GUN

◊ TELEVISION

◊ TOASTER

◊ TYPEWRITER

115 US States

```
I E K I E N T U C K A F I S A
P A C N D K M O N T A N A W D
P N M A D A V E N O I H O T I
I V O A Q N N H Z L Q I E D R
S W K G B X A M M H N X O S O
S K I S E A E G A D A E K I L
I N A I N R L V I S W W L O F
S I V N D J O A N H P N A N O
S S N R S A N Z E B C N H I N
I N E T C A H U T A H I O L I
M O W C P G S O P S E Y M L Y
P C Y C A L I F O R N I A I O
A S O U T H C A R O L I N A Z
N I R A A I N I G R I V E S Y
U W K A K S A L A U Y C K T S
```

◊ ALABAMA

◊ ALASKA

◊ CALIFORNIA

◊ FLORIDA

◊ HAWAII

◊ IDAHO

◊ ILLINOIS

◊ INDIANA

◊ IOWA

◊ KANSAS

◊ MAINE

◊ MICHIGAN

◊ MISSISSIPPI

◊ MONTANA

◊ NEVADA

◊ NEW YORK

◊ OHIO

◊ OKLAHOMA

◊ OREGON

◊ SOUTH CAROLINA

◊ TEXAS

◊ UTAH

◊ VIRGINIA

◊ WISCONSIN

116 J Words

```
J D E R E E J E B A J N C T J
I E J O E J A Z I E N V I A A
D A U L J D K J E S J U S A O
E Y B I O U D J Y O S H M O L
L D I A K J A U D E D A T A G
T R L J I U D H J J R O N S N
S A E V N E P J I O A R J J I
O P E T G U N A J Y U Z A E R
J O Y D R I O V E O Q F G C E
D E U S K B J J J U C J U I B
E J G R R J G U E S A E A D B
J B E E E H E H M R J S R N A
H J J Z I J J E A P S T R U J
E N I M S A J E O X E E U A V
J A L E S E N A P A J R Y J J
```

◊ JABBERING   ◊ JEERED   ◊ JOKING

◊ JACQUARD   ◊ JEOPARDY   ◊ JOSTLED

◊ JAGUAR   ◊ JERBOA   ◊ JOURNAL

◊ JAILOR   ◊ JERKIN   ◊ JOYOUS

◊ JAPANESE   ◊ JERSEY   ◊ JUBILEE

◊ JASMINE   ◊ JESTER   ◊ JUDDER

◊ JAUNDICE   ◊ JESUIT   ◊ JUDGED

◊ JAUNTY   ◊ JODHPURS   ◊ JUMPER

117 Authors

```
S E L R E V E I R A T V Y H G
S N R U B N Q E M P R G K B G
J E S N Y L S I F E E R R C D
E E N Y T N A L L A B L O V R
R Y I A E Z I S P S L E G H A
O H I P H G E E A P I W R J G
M T S G Z P Z O I G G I I Y G
E R S P H Z O P N Z A S M E A
E O P N O R E T E T N N M L H
L W Z A A T T Y S K E G P H R
Y S S V I V I H K I I A Z C E
L L C H A T E A U B R I A N D
R A W M A Y Y A H K R A R E I
A G N I K S U R E H A Y O B R
C H E K H O V R C Z B Y A J E
```

◊ ARISTOPHANES

◊ BALLANTYNE

◊ BARRIE

◊ BENCHLEY

◊ BURNS

◊ BYRNE

◊ CARLYLE

◊ CHATEAU-
  BRIAND

◊ CHEKHOV

◊ EVANS

◊ GALSWORTHY

◊ GILBERT

◊ GORKY

◊ GRIMM

◊ JEROME

◊ KHAYYAM

◊ LEWIS

◊ PAINE

◊ PARKER

◊ RIDER
  HAGGARD

◊ RUSKIN

◊ SAGAN

◊ SPENSER

◊ WHITE

118 Leftovers

```
G E C N E R E F F I D D T E R
Z A P H P W T N E M G A R F E
C P E T C W R S R U I N S V U
C R U M B S W E E P I N G S T
F E R V S A P F C D N Y C H H
C S O E R A H W A K S B Q A I
A I T F T E W H A M A H E R S
E D T U G T L D B S C G R D A
T U U R M F I I U Q T U E E N
F E S E A P B L C S B E V V D
O T D X Q C P I V B T P W F T
S E R C H R E G I T S E V N H
S S N E U C Z S P A R C S N A
I E G S E S H R N I D C O D T
L N Y S R E V O G N A H A E R
```

◊ CRUMBS
◊ DIFFERENCE
◊ EXCESS
◊ FOSSIL
◊ FRAGMENT
◊ HANGOVER
◊ LITTER
◊ RELIC

◊ RESIDUE
◊ RUBBISH
◊ RUINS
◊ SAWDUST
◊ SCRAPS
◊ SHARD
◊ SHRED
◊ STUMP

◊ SURPLUS
◊ SWARF
◊ SWEEPINGS
◊ THIS AND THAT
◊ TRACE
◊ VESTIGE
◊ WASTE
◊ WRECKAGE

119 Grasses

```
C G B O T M W S H N E M O R B
A W K T Y E U S A P M A P S S
O F M R I R L L S O R G H U M
O Y C A Y M A L R N T W H E C
B C N P I N O S I O P F S E D
M L A S R Z O T O M E L I C K
A P U E B U E F H V Z S U L W
B B V E C Q S N N Y J R I R O
E S F R G K B E A R D A P A D
O Y E X C R Y T H C T I W T A
V E S O Z E A T M S R Z S T E
H L C S L E Z S G J G A J A M
V R U X H O O O S L U C G N U
H A E W L X D R G N I K A U Q
Z B O O R A G N A K A R Y P S
```

◊ BAMBOO

◊ BARLEY

◊ BEARD

◊ BLUEGRASS

◊ BROME

◊ COCKSFOOT

◊ DOG'S TAIL

◊ ESPARTO

◊ FESCUE

◊ KANGAROO

◊ MAIZE

◊ MEADOW

◊ MELICK

◊ MILLET

◊ PAMPAS

◊ PAPYRUS

◊ QUAKING

◊ RATTAN

◊ SORGHUM

◊ SUGAR CANE

◊ TIMOTHY

◊ TWITCH

◊ VERNAL

◊ WHEAT

120 SWEET Words

```
J E L I C T K H A D U V E R C
G O Y M T M U X E E X I L E E
O L I S A B Y N Q A N K A S U
E X F O S R X R T Y R R E H S
C L O V E R J K R S Q T U B Y
T W K E R O E O T E E X H J A
P Y A C Z A R C R O H H R R E
C L D T I J V A H A O C C E G
I E L M E P Y L T B M T X P N
D C T U E R R O E B R T H P A
E I E D S A P A E G N E V E R
R C L B T S T D I Z Z K A P O
D N O M L A O S L R U C V D Z
M A I L L I W P Z U B O M A S
E K V K Y Y O I S E L R L E H
```

◊ ALMOND   ◊ CLOVER   ◊ ROCKET

◊ BASIL   ◊ HEART   ◊ SHERRY

◊ BREADS   ◊ MARJORAM   ◊ SPOT

◊ BRIAR   ◊ MEATS   ◊ TALK

◊ CHERRY   ◊ ORANGE   ◊ TOOTH

◊ CHESTNUT   ◊ PEPPER   ◊ VIOLET

◊ CICELY   ◊ PICKLE   ◊ WATER

◊ CIDER   ◊ REVENGE   ◊ WILLIAM

121 Late

```
H S U O M U H T S O P O S T A
I A B T E I D E R E T T A L J
S S D N T D E P A R T E D U N
T O E N E B Y G O N E U N E P
O U C N L P A L X C D P D L K
R T E E O A L Q T E U L E I F
I G A L S B E T T N A N T H I
C O S L B L D A C S E D A W N
E I E A O N U T T N B C L T I
U N D F I Q U M R Y U G E S S
D G W H I A I T P E I F B R H
R Q E T L N B A A U M N E E E
E B N G U C S J L R S R F D D
V A Z T T T F A R E D R O I Y
O W E S U O I V E R P Y E F H
```

◊ ANTIQUATED   ◊ DEPARTED   ◊ OBSOLETE

◊ BEHIND   ◊ ERSTWHILE   ◊ OUTGOING

◊ BELATED   ◊ FALLEN   ◊ OVERDUE

◊ BYGONE   ◊ FINISHED   ◊ POSTHUMOUS

◊ BYPAST   ◊ FORMER   ◊ PREVIOUS

◊ DECEASED   ◊ HISTORIC   ◊ RECENTLY

◊ DEFUNCT   ◊ LAST-MINUTE   ◊ TARDY

◊ DELAYED   ◊ LATTER   ◊ UNPUNCTUAL

122 Symphony Titles

```
E N I L D L R O W W E N A E L
O F G R E A T C M A J O R E P
E C G N A C I O R E I W F E A
C V S O I P N C M T U A K S R
I W U L T R T A A F U R P N I
T E M E Z H P L T S T A H K S
P A M N L Q I S T I G O H C E
Y P I A T A C C P A T K C E C
L L X P N I L O N D O N E L X
A E W J G F N E H E H T O T Y
C R A A C S R H B E N C X I M
O E R R H R R E N A K B I C M
P T N R S D H A D W E S T A M
A N O I T A M R O F E R E N G
C I N O V A L S E I M S H O D
```

◊ APOCALYPTIC

◊ ASRAEL

◊ CELTIC

◊ CLOCK

◊ DANTE

◊ ECHO

◊ EROICA

◊ FAUST

◊ GOTHIC

◊ GREAT C
  MAJOR

◊ ITALIAN

◊ LINZ

◊ LONDON

◊ MANFRED

◊ NEW WORLD

◊ PAGAN

◊ PARIS

◊ REFORMATION

◊ SEA

◊ SLAVONIC

◊ SPRING

◊ THE HEN

◊ TITAN

◊ TRAGIC

123 Sports and Games

```
Y T N I H S O C F G K Z S G D
F S Y C A N O E I N G A N I E
L S I N N E T E D M I I S U G
O N P Z E R A G Y L X C G S A
G I O O M S A W I O U N S S G
H L P T O Y L N B S I A K X S
I E G R N L G R A N E I A I G
J V N E O I G L I D I N G C A
E A I M G B M L G N I D I R S
S J W M E N O D G Q R H C O S
O D O A P P I P A I O H R Q E
P T R H M E A K V B E W U U H
A L F A L I D I L R I A G E C
S A R P C U N W Y A S E B T P
E T K E G G P E R H W L Y U W
```

- ◊ ARCHERY
- ◊ BADMINTON
- ◊ BOXING
- ◊ CANOEING
- ◊ CARDS
- ◊ CHESS
- ◊ CROQUET
- ◊ DISCUS

- ◊ DRIVING
- ◊ GLIDING
- ◊ GOLF
- ◊ HAMMER
- ◊ JAVELIN
- ◊ POOL
- ◊ RIDING
- ◊ ROWING

- ◊ RUGBY
- ◊ SAILING
- ◊ SHINTY
- ◊ SKIING
- ◊ SQUASH
- ◊ TENNIS
- ◊ TRAMPOLINING
- ◊ WALKING

124 Booker Prizewinners

```
A G N I D L O G E R D T G Y J
N D P E Y L L A E N E K G E A
A M S N E B U R H U L M E R M
M A R T E L H E A N B D J O E
I P P E R T T B O W P J Q T S
K U C H O L L I N G H U R S T
H E P A N A S A N O T T A C U
N C L K N I B E A T T Y E W G
A N O M L A E V E O H B D S O
W P A D A E M I C Y A S E E T
E K X I R N D S D H B H O A W
C D V R P U C O S H S W I F T
M L E T N A M Y Y O S C E W V
R I B L L O U C Y L R U V N V
P E M A N T W L C R E G R E B
```

◊ BEATTY
◊ BERGER
◊ CATTON
◊ DESAI
◊ DOYLE
◊ GOLDING
◊ GROSSMAN
◊ HOLLINGHURST

◊ HULME
◊ JAMES
◊ KELMAN
◊ KENEALLY
◊ MANTEL
◊ MARTEL
◊ MCEWAN
◊ MURDOCH

◊ NAIPAUL
◊ NEWBY
◊ PIERRE
◊ RUBENS
◊ RUSHDIE
◊ SCOTT
◊ STOREY
◊ SWIFT

125 I Words

```
T I I E T A R E T I U I L I I
E J M Y E H I I I O C V A R I
L G P S I B I A S C I N I I B
S N E N U I I V I N V E R S E
I E R V Y I M M E R S E T H R
Y S T F I T T P M I I V S V I
N I I A E T I A U D J T U I A
O H N C L R I N N R O I D R A
R P E C A F I S U G I F N I N
I O N I E R N I N M I T I D A
I D T N I R U I N E M Q Y C B
S W A O N I N S E N S I B L E
I N J C C M I I O D I N E U K
I N O I T A R T S U L L I E I
M O I D I I Z I R A N I A N I
```

◊ IBERIA ◊ IMMUNITY ◊ INSENSITIVE

◊ ICARUS ◊ IMPERTINENT ◊ INVERSE

◊ ICONIC ◊ IMPURITY ◊ IODINE

◊ IDIOM ◊ INANE ◊ IRANIAN

◊ IGNATIUS ◊ INDUSTRIAL ◊ IRISH

◊ IKEBANA ◊ INFLATE ◊ IRONY

◊ ILLUSTRATION ◊ INGOTS ◊ ISLET

◊ IMMERSE ◊ INSENSIBLE ◊ ITERATE

126 Shapes

```
U X K E R H O M B U S E C V D
N I G N O L B O N G T U W O J
H L H A Y Y U N T N S E D S I
N E S T R A O O A H D E I O Z
N H Q O P G R R C G C U O C T
O V U O A U D V E A R F B T E
R F A T S A N R H O H S U A R
D U P M U I Z E P A R T C H E
E E C Q Z F D S N W G N E E H
H L R H R R U O Z L C O R D P
A C O K O L G M O J I G A R S
T R S N U A I B S S R Y U O E
N I S N N E E F T I C L Q N I
E C N O D H E A R T R O S A P
P A N W I W R Y Y A F P E R E
```

◊ ANNULUS

◊ CIRCLE

◊ CROSS

◊ CUBOID

◊ DODECA-
  HEDRON

◊ GLOBE

◊ HEART

◊ HELIX

◊ HEPTAGON

◊ NONAGON

◊ OBLONG

◊ OCTAHEDRON

◊ PENTAHEDRON

◊ POLYGON

◊ PRISM

◊ QUADRANT

◊ RHOMBUS

◊ ROUND

◊ SPHERE

◊ SQUARE

◊ STAR

◊ TORUS

◊ TRAPEZIUM

◊ WEDGE

127 Gulfs

```
Y A P E C N E R W A L T S E O
V L E P A N T O M L P H T N Z
A A B F N V U S U F T I A R V
K S A K E O E O T N K B T A E
I K Y C I T D N I M A U D C N
N A L V R M H R I T A N C A E
O G A E A S O I A A A L N M Z
L A T N D C A B Y L M I O B U
A R N E M E W E N E G L O A L
S A A Z A O C I X E M O F Y E
R G L U Y M F S A R T A P I A
D E F E O E S B Q H X H E J R
U M C L C O H A I N H T O B U
B V O A I E C A X G E B B U R
D S E P N H W N A I B A R A L
```

◊ AEGINA
◊ ALASKA
◊ ANTALYA
◊ ARABIAN
◊ BATABANO
◊ BOOTHIA
◊ BOTHNIA
◊ CAMBAY

◊ CORINTH
◊ DARIEN
◊ FETHIYE
◊ FINLAND
◊ LEPANTO
◊ MAINE
◊ MANNAR
◊ MEGARA

◊ MEXICO
◊ MOLOS
◊ NICOYA
◊ PATRAS
◊ SALONIKA
◊ ST LAWRENCE
◊ ST MALO
◊ VENEZUELA

128 Brave

```
A X S Y H A P Z T U H C Y L S
E H S U O R O L A V N Z D Q U
L E C E O Z Z I U R G F R V O
T R U L Q E D Y E C E F A H R
T O Y S A A G S L A K M H Y U
E I U K R C O A R N Q Y U T T
M C N I E L I L R R A N T H N
S Y N T U E E O E U A M N G E
P G O T R S H G T F O F A U V
I A E B S E F C R S E C I O D
R L X R D W P A Z I S Z L D A
I L C A L W I I S J T Y A P H
T A Z Z T D J T D N S T V O G
E N H E C J Y M U A T U Y Y X
D T I N D O M I T A B L E S U
```

◊ ADVENTUROUS   ◊ FEISTY   ◊ METTLE

◊ BRAZEN   ◊ GALLANT   ◊ PLUCKY

◊ CHEEKY   ◊ GRITTY   ◊ RESOLUTE

◊ CHUTZPAH   ◊ HARDY   ◊ SPIRITED

◊ COURAGEOUS   ◊ HEROIC   ◊ STOICAL

◊ DARING   ◊ INDOMITABLE   ◊ UNAFRAID

◊ DOUGHTY   ◊ INTREPID   ◊ VALIANT

◊ FEARLESS   ◊ MANLY   ◊ VALOROUS

129 Oils

```
T G D G E E C P Y A U Y D S S
E Y N H K A P A L M L N F U N
R U A A S V F L R G O C U A W
T I N T N X E I A M E P E L A
R S O G W N Y X L G F B L B R
O R X O O Y L A N G Y L A N G
S M L R W R T A Z O B C E E O
I D T H L N R H S C O W T H O
N I A J E O T S E D D Y O T M
C O L R V U C D L A Y Y S S L
E Q O Y N R U I L B L A O F U
T L N L O R V E O B E X E V A
I Z A D C E B S O F N E R G H
H W C M R I S E W H E E C H C
W V O E E V I L O Z M T X H E
```

◊ ALMOND	◊ CRUDE	◊ ROSIN
◊ BEECH	◊ DIESEL	◊ SNAKE
◊ CANOLA	◊ FUEL	◊ SOYBEAN
◊ CASTOR	◊ HAIR	◊ TUNG
◊ CHAUL- MOOGRA	◊ NEROLI	◊ WALNUT
	◊ OLIVE	◊ WHITE
◊ CITRONELLA	◊ ORANGE	◊ WOOL
◊ COD-LIVER	◊ PALM	◊ YLANG-YLANG
◊ CREOSOTE		

130 Universities

```
P R I N N O T E C N I R P E P
A E N P M W B N A R I S A E H
A M R L E W E S Y D E U Y B S
V Z S N I G R O X F O R D H T
E S T T N V R O R B H T E Z U
N E O I E K E E G E Y I O O T
E I B R V R I R S N D W N T T
G U L I B B D D P E A O W N G
T K L B U O N A L O D B D O A
L L S R U A N B M N O Z R R R
E J G C L D E N O E B L A O T
N F C E G R M L E D M R V T E
U F R V G S E B R I R L R L Y
R I T H C E R T U E P L A W M
B R E N G A B R F L G Y H N R
```

◊ AMSTERDAM   ◊ HARVARD   ◊ SORBONNE

◊ BANGOR   ◊ HEIDELBERG   ◊ STUTTGART

◊ BREMEN   ◊ IRELAND   ◊ TORONTO

◊ BRUNEL   ◊ LEIDEN   ◊ TUBINGEN

◊ DUBLIN   ◊ LIVERPOOL   ◊ TWENTE

◊ FERRARA   ◊ LONDON   ◊ UTRECHT

◊ FREIBURG   ◊ OXFORD   ◊ YALE

◊ GENEVA   ◊ PRINCETON   ◊ YORKVILLE

131 Animals' Homes

```
A E G D O L A Q U A R I U M L
R G U B M M B W A T G P B L L
E T R V U Y P P A S T U R E E
S S U L R R D H I V N O C B H
A H I E U I R Y H Y E K O R S
D Z A S T A E O E Y T H O R E
N E B E N V Y O W E A S G F N
O T V J K K G S T A L L G O V
P V F A H T C S W A S H G I V
T L R O C H O O R E M G V D P
S E S I L I N L D E L A H T H
E N A I A L C K B D R A B T I
N N A G Q L W M Y I A Q S E V
L E I R Y E I K U U B P S S E
P K C E B W A M I D R E T D D
```

◊ AQUARIUM ◊ KENNEL ◊ POND

◊ BURROW ◊ LAIR ◊ ROOST

◊ BYRE ◊ LODGE ◊ SETT

◊ CAVE ◊ LOFT ◊ SHELL

◊ DREY ◊ NEST ◊ STALL

◊ EYRIE ◊ PADDOCK ◊ STUD

◊ HILL ◊ PASTURE ◊ VIVARIUM

◊ HIVE ◊ PIGSTY ◊ WEB

132 Made of Paper

```
E  S  E  F  R  Y  E  N  O  M  W  E  N  R  E
H  G  N  M  E  G  S  E  B  J  B  A  D  E  Y
Y  T  A  P  J  I  N  O  T  E  P  A  D  W  R
E  P  L  L  O  W  H  E  R  K  F  S  Q  O  A
L  I  P  E  L  S  E  C  I  O  V  N  I  L  I
R  E  A  V  S  O  T  N  R  H  V  F  B  F  D
T  C  B  N  T  E  C  A  I  E  I  S  E  A  X
E  E  B  A  P  I  O  M  G  Z  K  W  V  O  T
S  R  L  H  L  C  S  A  K  E  A  D  B  O  P
E  I  A  H  H  R  B  S  T  L  S  G  N  Q  M
T  S  C  A  P  A  O  C  U  G  G  T  A  A  Q
A  L  I  M  E  M  H  U  N  E  M  U  A  M  H
L  N  T  T  L  P  A  S  A  T  A  L  P  M  O
P  L  O  S  A  R  A  P  M  T  O  W  E  L  P
R  M  E  D  Z  N  R  E  P  A  P  S  W  E  N
```

◊ CHAIN

◊ COLLAGE

◊ DIARY

◊ EGG BOX

◊ FLOWER

◊ HANDKERCHIEF

◊ INVOICE

◊ LABEL.

◊ MAGAZINE

◊ MENU

◊ MONEY

◊ NAPKIN

◊ NEWSPAPER

◊ NOTEPAD

◊ PAMPHLET

◊ PARASOL

◊ PLANE

◊ PLATES

◊ POSTAGE
STAMP

◊ RECEIPT

◊ SKETCH PAD

◊ TEABAG

◊ TISSUE

◊ TOWEL

133 Verbs

```
R D E G V N E R E K C I L F F
E J L O A Z E T V I A R O Y E
T V G E L Z E T H P M U I R T
T V G E L R T O S C A M P E R
A E I E C K A M K I F Z Z A D
H V J E R T C R R I L D O Y I
S R S L J O I A N I R Q V S S
T E E U C O N S T R U C T Y A
E W Y D L T U G I N I Q F P P
R S S E N R M S I R A I S Y P
A F U H E U M T W I T C H A E
P G K C F S O M F R W N E C A
E Z I S P A C L O U K I W R R
R S E K C I L F F R E H T A G
P H J P E C I F I R C A S S Y
```

◊ CAPSIZE
◊ COMMUNICATE
◊ CONSTRUCT
◊ DISAPPEAR
◊ FLICKER
◊ FLOUNDER
◊ FORTIFY
◊ GATHER

◊ IGNORE
◊ INSURE
◊ JIGGLE
◊ LISTEN
◊ PREPARE
◊ RECANT
◊ SACRIFICE
◊ SCAMPER

◊ SCHEDULE
◊ SECRETE
◊ SHATTER
◊ SQUIRM
◊ SWERVE
◊ TACKLE
◊ TRIUMPH
◊ TWITCH

134 Eponymous Novels

```
S C U D E D E B M A D A E S B
T P L O R D J I M J I D R R I
I R A A K D O N Q U I X O T E
A A I R N D B C N D E M B J Y
J N H L T A E N A O Y R A J
S N P S B A R A A L T M O J F
T A B A E Y C K A U K I Y M O
N K S T I Y L U W W G Y L C Q
Y A W O L L A D S R M E A O G
G R E M F M E H A L Z R S E L
R E I J A E I M J I R Z R T Q
E N Y O K R H K A I O T Q B E
E I Q N L L H F E R R V O K G
P N Q E S I N C R U H N E B E
F A Y S Q N R O D N E G R U J
```

◊ ADAM BEDE

◊ AMELIA

◊ ANNA
   KARENINA

◊ AYESHA

◊ BEAU GESTE

◊ BEN-HUR

◊ CANDIDE

◊ CARRIE

◊ DON QUIXOTE

◊ GERTRUD

◊ JURGEN

◊ LANARK

◊ LOLITA

◊ LORD JIM

◊ MERLIN

◊ MRS
   DALLOWAY

◊ PEER GYNT

◊ ROB ROY

◊ ROMOLA

◊ SHIRLEY

◊ SPARTACUS

◊ TOM JONES

◊ TRILBY

◊ ZORRO

135 Fungi

```
P A R I S T T R E D I T F Z I
J U I T T R E N A J H T A M N
Y E S R U S O K P A R I A A I
D U L M B T M A C E C W F E L
R R P L T P C U K A U E L C L
A E D U Y T A A T R R L E T E
T T B M A D T C N S I B H O B
I S L L V I E P K R I D S C A
N Y F O I I O C O N C O E Y T
A O L H T R L M E Y I O I F R
M V S D C R O I T I R W R C O
A H O I G N V R G C V J C A P
H G N O T U O M E D D E I P L
B O L I O N S M A N E M R X U
A N N U L U S T G E O R G E S
```

- ◊ AMANITA
- ◊ ANNULUS
- ◊ BRACKET
- ◊ BUTTON
- ◊ CORAL
- ◊ DECEIVER
- ◊ FLAT CAP
- ◊ INK CAP
- ◊ JELLY
- ◊ LION'S MANE
- ◊ MORILLE
- ◊ OVOLO
- ◊ OYSTER
- ◊ PIED DE MOUTON
- ◊ PORCINO
- ◊ PORTABELLINI
- ◊ RUSTS
- ◊ SHELF
- ◊ SHIITAKE
- ◊ SMUTS
- ◊ ST GEORGE'S
- ◊ TRUMPET
- ◊ VOLVA
- ◊ WOOD BLEWITT

136 Babble, Babble

```
G U R G E L L B H E Y G R U F
Y I R N G D U O V H I E C L T
U B U G A B C F S K V U U O S
C U N U B B Y A P A C M E A C
A R H U B E D R L R M S T H M
C B H T L R A A U E A H A W H
K L J T E T P L R E H T A L B
L E T D T W N Y W I T T E R T
E A L L A E O R O E P V T A P
T A E F I P N E R M I N H P G
B T F L E A S B E R U C D I F
H L B L A T E B D S T R B P E
E L G R U G N A E I O B M P A
R E T T A P S J H S E A N U B
V H S A R T E C S R B U R B R
```

◊ BALDERDASH	◊ FLUMMERY	◊ PALAVER
◊ BLATHER	◊ GABBLE	◊ PATTER
◊ BURBLE	◊ GIBBER	◊ PRATE
◊ CACKLE	◊ GURGLE	◊ PRATTLE
◊ CHATTER	◊ HUBBUB	◊ TATTLE
◊ CHITCHAT	◊ JABBER	◊ TRASH
◊ DRIVEL	◊ MURMUR	◊ WAFFLE
◊ DROSS	◊ NONSENSE	◊ WITTER

137 Sculpting Materials

```
R E P P O C T B A S A L T E E
E P L E S R E T S A L P A H N
Y D O O W D J O A W C S U C O
N I A L E C R O P E A H U A T
E S P I P E S T O N E E T M S
N E E T B E C L D A N T R R D
O Z I M I L I S J O O E E E N
T N A H T V T K T C M R B I A
S O M F K O O S A A B C M P L
P R E N N U E R R O R N U A T
A B T E A M R B Y N A O S P R
O A A L I E L L K Y S C X H O
S L L L T E R D J H S Y N T P
S A O S S A L G R A N I T E V
R E T S A B A L A O H Y O N T
```

◊ ALABASTER
◊ AMBER
◊ BASALT
◊ BRASS
◊ BRONZE
◊ CONCRETE
◊ COPPER
◊ GLASS

◊ GRANITE
◊ IVORY
◊ JET
◊ LIMESTONE
◊ MARBLE
◊ METAL
◊ ONYX
◊ PAPIER MACHE

◊ PIPESTONE
◊ PLASTER
◊ PORCELAIN
◊ PORTLAND STONE
◊ SANDSTONE
◊ SOAPSTONE
◊ TERRACOTTA
◊ WOOD

138 UP Words

```
I L A N K G I C I U T N N A I
E C I N H T E R E H G A W I L
R T M K D D S G D L E I F O R
I Y R R O A N U X P O A C P T
S P I A A I W C R S Y A T P W
I T A E T T P A E H P S D O Y
N O G T E S E V Y O T P R E E
G A E G D D A D H T V H S E D
C S R H T E G L I F T E D G A
F U W K H D N P V L G H N N T
S F R C G N I G N I R B A I I
C Y D V O E K O R T S A L W N
T U R N E D O T A G H T Z S G
E K U H S D O A F S Y E R A S
R A I C K S L A T H G I T E I
```

◊ AND AWAY   ◊ LIFTED   ◊ STROKE

◊ BRINGING   ◊ LOADED   ◊ SURGE

◊ CURVED   ◊ LOOKING   ◊ SWING

◊ DATING   ◊ RATED   ◊ THROW

◊ ENDED   ◊ RISING   ◊ THRUST

◊ FIELD   ◊ SETTING   ◊ TIGHT

◊ HEAVE   ◊ SHOT   ◊ TOWN

◊ LANDS   ◊ START   ◊ TURNED

Solutions

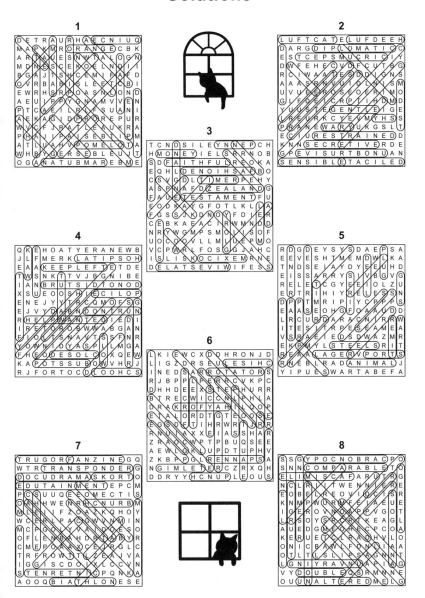

Solutions

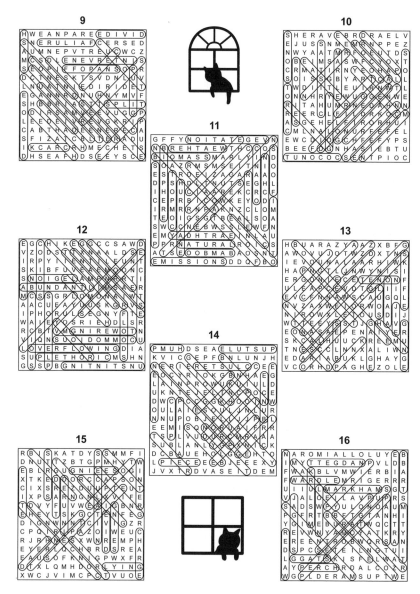

144

Solutions

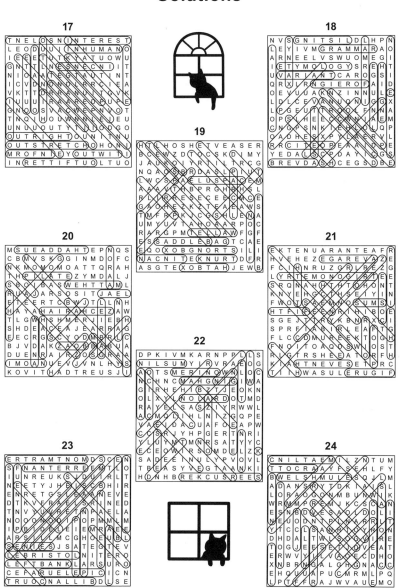

17

18

19

20

21

22

23

24

Solutions

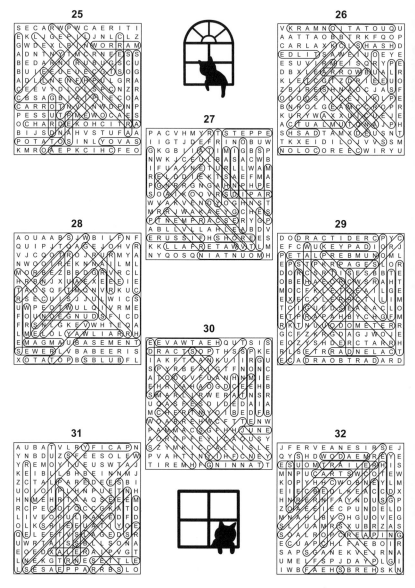

25

26

27

28

29

30

31

32

Solutions

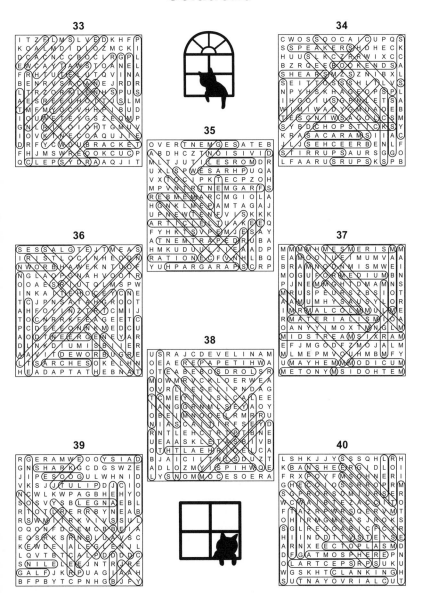

Solutions

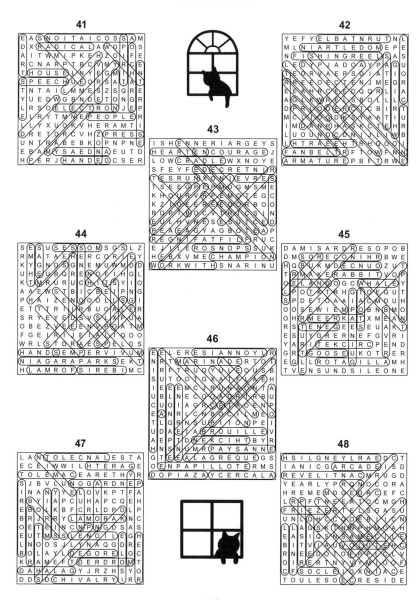

41

42

43

44

45

46

47

48

Solutions

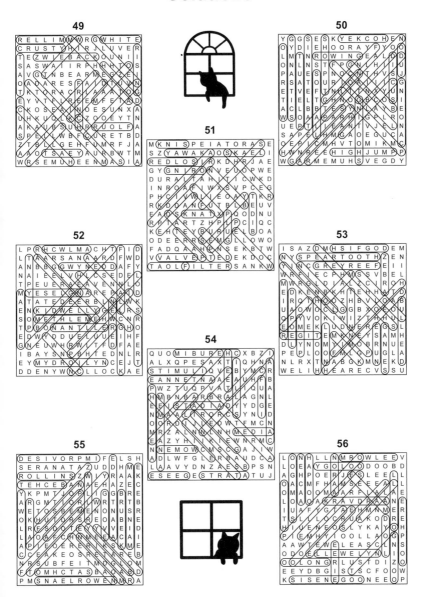

Solutions

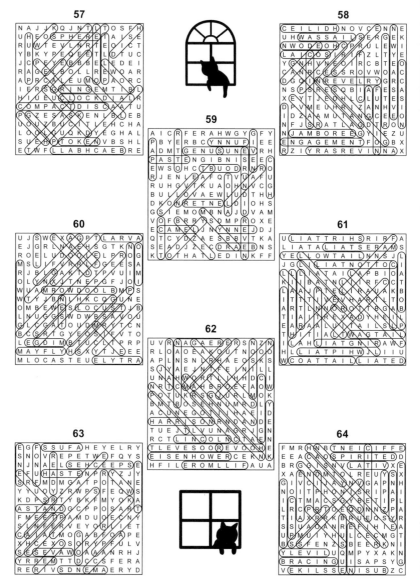

57

58

59

60

61

62

63

64

Solutions

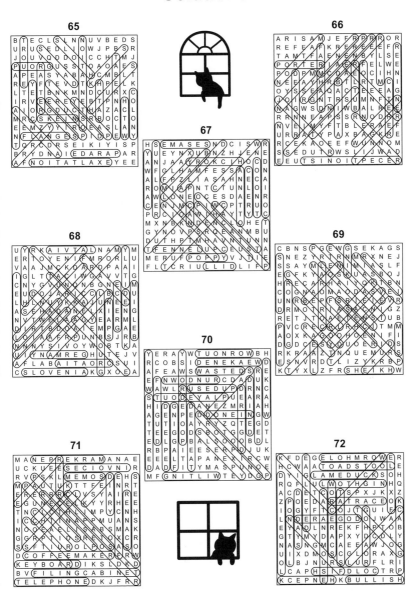

65

66

67

68

69

70

71

72

Solutions

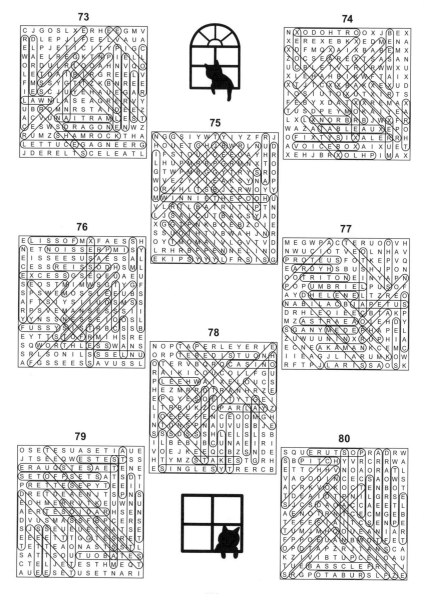

73

74

75

76

77

78

79

80

Solutions

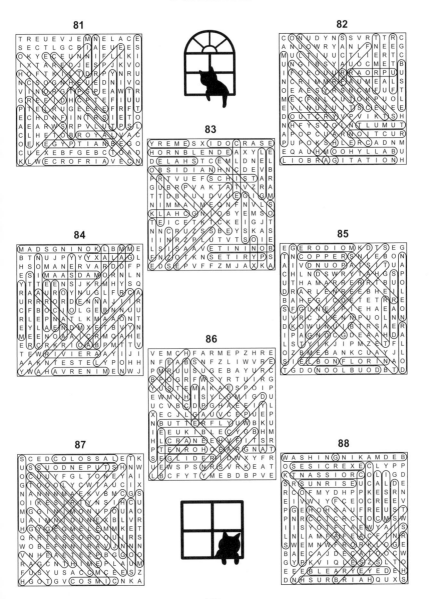

Solutions

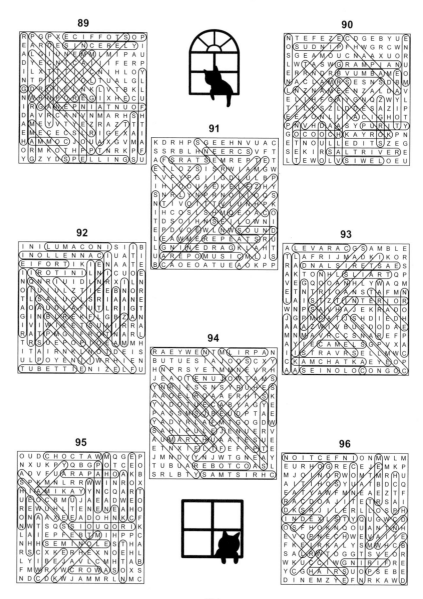

Solutions

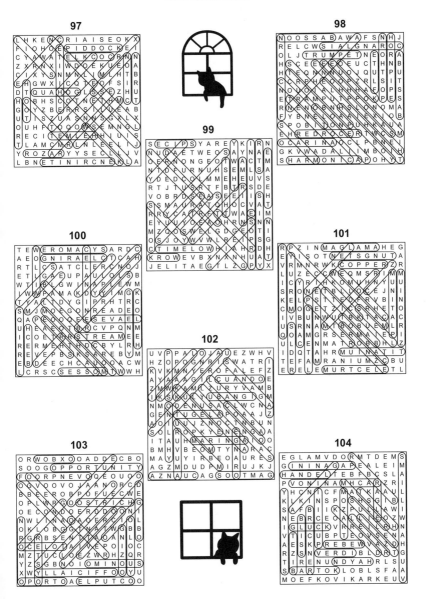

Solutions

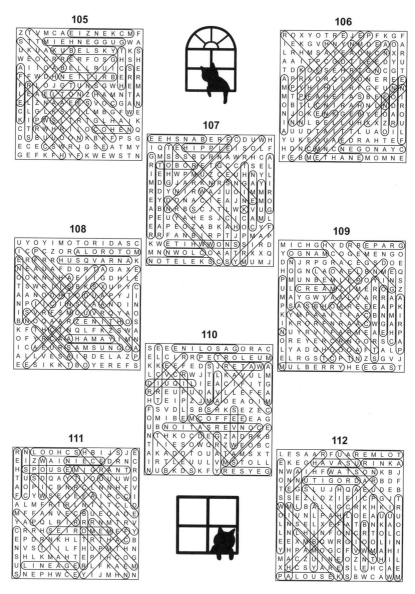

Solutions

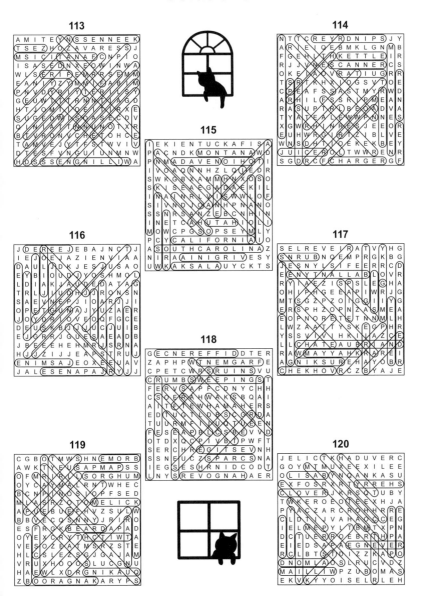

157

Solutions

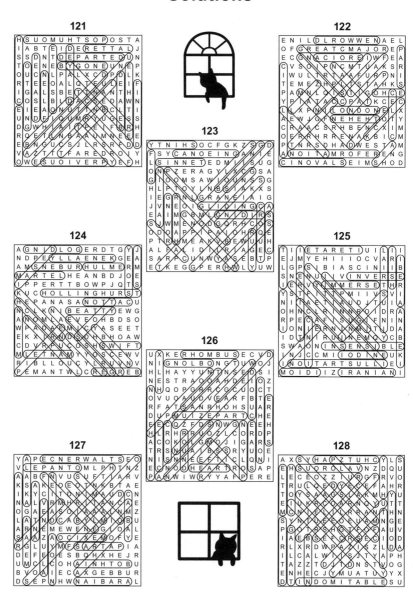

121

122

123

124

125

126

127

128

Solutions

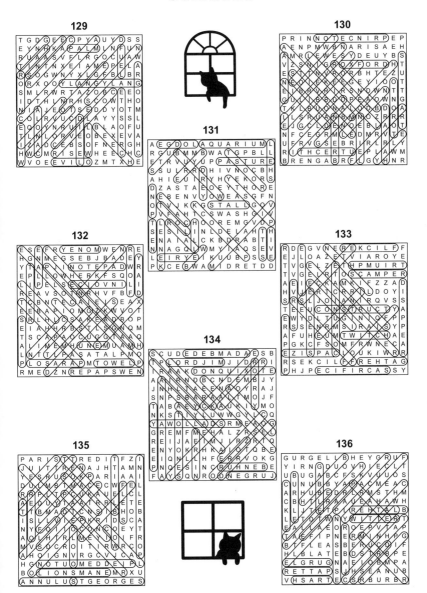

Solutions

137

138